*A verdade que liberta*

## COLEÇÃO SABOR DE VIDA

- A terapia das histórias: porque todos tem direito a um final feliz
  *Maria Salette M. Vasconcelos de Assis Silva*

- A verdade que liberta: contos e parábolas para compreender
  melhor o Evangelho

- *Pedro José Conti*

- Abrindo caminhos: parábolas e reflexões
  *Dom Itamar Vian e Frei Aldo Colombo*

- Autoestima: o toque mágico de uma vida feliz
  *Carlos Afonso Schmitt*

- Automotivação : um jeito de superar limites
  *Carlos Afonso Schmitt*

- Digestão emocional: para situações que ainda estão atravessadas em sua garganta
  *Maria Salete e Wilma Ruggeri*

- Do jeito certo: parábolas modernas sobre coisas antigas e novas
  *Dom Itamar Vian e Frei Aldo Colombo*

- Histórias da sabedoria do povo
  *Carmem Seib*

- Histórias de vida: parábolas para refletir
  *Dom Itamar Vian e Frei Aldo Colombo*

- Jovi, o filhote mensageiro: uma fábula sobre fraternidade e adoção
  *Tânia de Freitas Resende*

- Para viver melhor
  *José Maria Alimbau Argila*

- Que amor é esse? Vivenciando a energia que move a vida
  *Maria da Piedade Medeiros Paiva*

- Você acredita, o inconsciente realiza
  *Carlos Afonso Schmitt*

Pedro José Conti

# A verdade que liberta

Contos e parábolas
para compreender melhor o Evangelho

Dados Internacionais de Catalogação na Publicação (CIP)
(Câmara Brasileira do Livro, SP, Brasil)

Conti, Pedro José
   A verdade que liberta : contos e parábolas para compre-
ender melhor o evangelho / Pedro José Conti.– São Paulo :
Paulinas, 2014. – (Coleção sabor da vida).

   ISBN 978-85-356-3670-3

   1. Jesus Cristo - Ensinamentos      2. Meditações
3. Parábolas    4. Vida cristã    I. Título. II. Série.

13-11777                                                CDD-248.4

**Índice para catálogo sistemático:**
1. Vida cristã : Parábolas e reflexões : Cristianismo      248.4

1ª edição – 2014
1ª reimpressão – 2014

**Direção-geral:** Bernadete Boff
**Editora responsável:** Andréia Schweitzer
**Coordenação de revisão:** Marina Mendonça
**Copidesque:** Simone Rezende
**Revisão:** Sandra Sinzato e Ruth M. Kluska
**Gerente de produção:** Felício Calegaro Neto
**Capa e diagramação:** Jéssica Diniz Souza

Nenhuma parte desta obra pode ser reproduzida ou transmitida por
qualquer forma e/ou quaisquer meios (eletrônico ou mecânico, incluindo fotocópia e gravação) ou arquivada em qualquer sistema ou banco de dados sem permissão escrita da Editora. Direitos reservados.

**Paulinas**
Rua Dona Inácia Uchoa, 62
04110-020 – São Paulo – SP (Brasil)
Tel.: (11) 2125-3500
http://www.paulinas.org.br– editora@paulinas.com.br
Telemarketing: 0800-7010081
© Pia Sociedade Filhas de São Paulo, São Paulo, 2014

# Sumário

A dúvida de João ............................................................9

A herança .................................................................. 12

A semente ................................................................. 15

Bobos felizes? ............................................................ 18

Confessavam os seus pecados .................................... 21

Na mesma hora se levantaram e voltaram ............... 24

O encontro ................................................................ 27

Pensamentos e orações .............................................. 30

Retrospectivas ........................................................... 33

Vamos ver o que vai dar ........................................... 36

O som da moeda ....................................................... 39

A Revelação e as revelações ...................................... 42

Escolhe, pois, a vida ................................................. 45

Boa viagem ............................................................... 48

Cego por amor .......................................................... 51

Conversão ................................................................. 54

O burro e o cachorrinho ............................................ 57

O dedo do mestre ..................................................... 60

O sinal ...................................................................... 63

O mosteiro das clarissas ........................................... 66

O vento e o sol ..................................................... 70

São José servidor da vida............................................73

Santos, riqueza de todos ..........................................76

Semicristãos ..........................................................79

O presépio do sacristão...............................................82

O rei e o bufão ........................................................85

"Se vês a caridade, vês a Trindade" .............................88

Os dois burrinhos ...................................................91

Verdade, bondade, utilidade........................................94

A calça do seu Joaquim ............................................97

A cura espiritual.....................................................101

A erva venenosa .....................................................105

A generosidade do Papa...........................................109

A mulher apressada ...............................................112

A pedra ameaçadora ...............................................115

A pedra e o coração de Deus......................................118

A pior casa............................................................122

A promessa do rei ..................................................125

A raposa e o leão....................................................128

A voz da mãe.........................................................131

A árvore do futuro ..................................................135

Água, somente água ...............................................139

Agulha e linha ......................................................142

Ah, é assim? ..........................................................145

Aproveite a vida!....................................................148

Assim como nós perdoamos ........................................151

Como o ar que respiramos ........................................ 154

Martinho Cabeça-Dura................................................157

Muito mais alto........................................................ 160

O braço do crucifixo ................................................ 163

O cachimbo do perdão................................................ 167

O cacho de uva........................................................170

O caminho mudou? ....................................................174

O começo ................................................................ 177

O discípulo do avarento ............................................ 180

O grito da coruja ....................................................183

O homenzinho e o mundo ............................................187

O pagador de promessas ............................................191

O presente da amizade ............................................ 194

O príncipe e o mendigo ............................................ 197

O que deveria pedir mais? ........................................200

O resgate ................................................................204

O rosto de Deus........................................................207

O único sermão ........................................................211

Os frutos................................................................215

Os loucos ................................................................218

Os olhos do coração ................................................ 221

Os três devedores....................................................225

Quinze anos.................................................................228

Quinze minutos ..........................................................232

Seu trono por um dia ................................................235

Silêncio e palavra.....................................................239

Sinal de contradição................................................243

Um degrau acima ......................................................246

Um pão para o cachorro ........................................250

Um passo para frente..............................................253

Um peso para a eternidade ..................................256

Um truque..................................................................260

Um vinho diferente..................................................264

Uma planície maravilhosa....................................268

# *A dúvida de João*

*S*e João Batista duvidou, nós também podemos duvidar. É humano e, talvez, seja um sinal de inteligência, porque significa que não acreditamos em qualquer bobagem ou boato, mesmo se noticiado pela televisão ou alguma revista famosa. Quando a dúvida é sinal de querer saber mais e de estar dispostos a aprender, é sempre bem-vinda. Foi assim que aprendemos na escola e também na universidade: questionando e buscando respostas.

A pergunta de João Batista a Jesus – "És tu aquele que há de vir ou devemos esperar um outro?" – obteve uma resposta indireta. Jesus não respondeu "Sim, sou eu", nem se apresentou, mas pediu aos próprios enviados de João que fossem lhe contar o que estavam ouvindo e vendo. Quis que fossem os outros a perceber o que estava acontecendo. Que é como dizer que Jesus é sim o Salvador, o Messias esperado, e que não devemos esperar "um outro", entretanto é preciso que sejam as pessoas a entender isso. Caso contrário, continuariam a esperar e perderiam a ocasião de acolher o verdadeiro Senhor.

Podemos dizer a mesma coisa com outras palavras: Jesus não veio ao mundo para si mesmo, mas para nós. Portanto quem deve reconhecê-lo e acolhê-lo somos nós. O que ele escolheu foi o jeito de vir, a maneira de ser o Senhor e o Salvador. Esta é a coisa mais difícil de entender e aceitar: a maneira de Jesus ter nascido, falado, vivido, morrido e ressuscitado. Não podia ser diferente? Talvez pudesse, mas não foi.

Uma luz nos vem quando nos perguntamos por que Jesus, na sua resposta, apontou, como sinais de que ele era o Messias esperado, os doentes curados, os pobres evangelizados e os que se achavam certos e seguros, escandalizados? Porque estes são realmente os sinais de uma nova realidade, aquela que os profetas anunciaram, e que devia iniciar com a chegada do Salvador. As pessoas com deficiências começam a ouvir, a enxergar e a andar. Os pobres ficam alegres pela boa notícia de um Deus que anda com eles, que não os exclui, não julga nem afasta, mas está com eles. É o Emanuel, o Deus-conosco.

Ao contrário, os grandes e poderosos ficam escandalizados porque o Reino de Jesus cresce sem a permissão, o dinheiro, o poder ou os favores deles. O Reino cresce, porque um pobre desconhecido falou aos pequenos como quem tem autoridade, e alguns começaram a acreditar mais na força da palavra e do amor dele do que nos poderes deste mundo. Alguns começaram a acreditar que algo de novo estava, realmente, começando a acontecer.

Essa novidade, devemos reconhecer, por nossa culpa, está ainda meio escondida, porém já existem sinais para poder responder com as mesmas palavras de Jesus. Sempre será assim e sempre serão os mesmos sinais.

Quem continua acreditando mais no poder do seu dinheiro e da sua força do que na revolução do amor, zombará do Deus que nasce pequeno e humilde. No entanto, os pobres de verdade, os que confiam no Deus da Vida, no Deus que ama a todos, já estão emprestando pernas a quem não anda, olhos e ouvidos a quem não os têm. Já estão partilhando a alegria da fraternidade, da igualdade e da simplicidade.

É o novo acontecendo. Quem não consegue ver nem entender tamanho amor gritará ao escândalo. Onde já se viu um Deus do lado dos pobres, um Deus--criança, deitado numa manjedoura? Um Deus descalço, um Deus carpinteiro de mãos calejadas? Onde se viu um Deus condenado e crucificado? É um escândalo! Não é?

Mas a alegria de quem tem o coração de pobre não tem tamanho, de tão grande que é. Deveríamos duvidar das nossas ideias sobre Deus, não de como ele decidiu ser um de nós. Se tivesse sido diferente, teríamos inventado outras dúvidas e outras perguntas para continuar a não acreditar. Por isso, chega: é ele o Senhor e o Salvador. Se vier um outro, mais cômodo para as nossas ideias humanas, só pode ser de mentira. Desconfie.

# A herança

Onde já se viu um pai dividir a herança entre os filhos antes de morrer? Claro que pode acontecer. Às vezes, para evitar os impostos, são colocadas casas, fazendas e firmas em nome dos filhos antes que os "velhos" tenham de deixar tudo, não por livre e espontânea vontade, mas por causa de uma força maior que se chama "morte". Os pais podem fazer isso também para evitar, o mais possível, brigas e confusões entre os herdeiros.

Famílias que ficam unidas após o falecimento dos pais são raras. Os caminhos da vida são tão diferentes... Os temperamentos são incompatíveis e nem todos conseguem entender-se. Se depois juntamos noras, genros, cunhados, cunhadas, netos e bisnetos, a história fica mais complicada ainda. Em geral o que foi dividido está entregue. Cada um faça o que quiser com o que é seu. O que os pais sonhavam que pudesse segurar os filhos, a divisão pacífica da herança, muitas vezes acaba afastando-os de vez. Nem todos ficam satisfeitos; alguns se acham menos amados pelos pais... Por aí vão as razões do afastamento.

Quantas heranças acabam na justiça humana e desaparecem pagando os emolumentos dos advogados. Não fica mais nada para dividir. Tanta confusão, ódio, raiva e gritarias, por nada!

Este é o poder do dinheiro e dos bens materiais. Por causa da nossa cobiça, os laços de família ficam para trás. Famílias maravilhosas se dissolvem entre brigas e contendas, na hora de dividir os bens dos pais. Para nós, muitas vezes, os bens valem mais do que as pessoas.

É por isso que o pai da parábola de Jesus nos surpreende pela maneira tão estranha de agir. Divide os bens e ainda corre ao encontro e faz festa para o filho que tinha gastado tudo.

"Um absurdo", declara o outro filho, o maior, o bonzinho, que ainda trabalhava com o pai. "Cômodo", deve ter pensado. "Este filho esbanjou tudo e ainda quer dar uma de arrependido... Não dá para voltar numa boa. Como é que eu vou ficar? Com cara de besta por ter obedecido a vida toda. Não vou entrar na festa não."

Fica claro na parábola: ao filho mais velho interessa mais o cabrito para comer com os amigos. Ele estava de olho na herança que ajudou a engordar e receberia logo que o pai se fosse. Tudo seria dele. Agora terá que dividir a herança, mais uma vez, com este irmão que já tinha esquecido.

Para o pai não, o que vale é o filho. Os dois filhos, todos os filhos. Porém, aquele filho parece valer mais porque estava perdido, fora dado por morto, e agora voltou vivo para casa.

Até entendermos que a vida das pessoas, os relacionamentos e a convivência amorosa valem mais do que todos os bens deste mundo, não conseguiremos compreender a parábola do Pai Misericordioso. Será impossível para nós imaginar um mundo de irmãos. E, no entanto, este é o grande projeto de Deus.

Continuaremos reclamando, invejando, achando que ele não fez as coisas direito. Quem é rico continuará a defender os seus bens, com unhas, dentes, armas, enganos, trambiques. Quem é pobre ficará esperando a oportunidade, a chance, a sorte, o jeitinho.

Bastaria acreditar para valer na festa do perdão, da paz, da fraternidade e da partilha. Até que os filhos-irmãos continuem julgando-se e matando-se, o Pai continuará a correr de um para o outro, convidando ao amor. Grande o Pai. Nós, os filhos, mesquinhos.

# A semente

Sempre me perguntei por que Jesus gostava tanto de usar o exemplo da semente para oferecer os seus ensinamentos. É o semeador que sai para semear. É o grão de mostarda que é muito pequeno, mas se transformará numa árvore. É o grão de trigo que, caído na terra, deve morrer para produzir frutos.

Até a fé, suficiente para arrancar uma amoreira e plantá-la no mar, é comparada, novamente, à pequena semente de mostarda. O que tem de tão extraordinário numa semente? Esconde um segredo: o segredo da vida. Não é algo que vem já pronto, nas suas dimensões e nas suas cores. Não é um produto acabado que se pode, ou não, comprar.

Uma semente é um projeto. Um projeto escondido. Precisa que alguém acredite, confie, cuide, gaste tempo e carinho. Pode dar muito fruto, como pode não dar em nada. Mas a semente, plantada em terra boa, com a chuva no tempo certo, não vai falhar.

Tenho a impressão de que hoje corremos o perigo de esquecer o segredo da semente. Temos pressa demais. Por que cozinhar, se já vendem comida pronta? Por que esperar, se correndo chego antes? Por que perder tempo para pensar, se já me oferecem a resposta antes mesmo que eu formule a pergunta?

É verdade que algumas coisas facilitam o nosso dia a dia, mas muitas vezes perdemos a poesia do crescimento. Custa e trás angústia a lenta aprendizagem. Todos precisamos de tempo para aprender. Se a semente desenvolve e ganha em solidez, nós, os humanos, ganhamos em segurança, autoestima, caráter. É verdadeiramente nosso somente aquilo que aprendemos aos poucos, caindo e levantando, errando e acertando, como quando começamos a andar e a falar.

A pressa nunca foi boa conselheira nem boa professora. Hoje, por culpa de nós adultos e da sociedade estressada que criamos, as crianças querem queimar etapas. Vestem-se como jovens e acham que podem agir como adultos. Poderiam curtir mais a infância, mas nós, adultos, não as deixamos. Nós temos pressa.

O segredo da semente está, portanto, no fato de ser um projeto que está sendo construído. Aos poucos, vai se formando, tomando corpo, está sempre em movimento, um pequeno passo por vez, com mais uma meta a sua frente para alcançar.

Também projetos não faltam na nossa sociedade. Mas, às vezes, chegam grandes demais. Começam de cima para baixo. Querem que as pessoas corram, quando mal sabem engatinhar.

Conheço um homem que vendia espetinhos na rua; demorou anos, mas hoje é dono de um bom restaurante. Outro, fez um grande empréstimo no banco e abriu logo uma pizzaria. Rapidamente teve que vender até a casa para pagar a dívida. Quis logo a árvore em lugar de plantar uma semente e acreditar que ia crescer. Não deu certo.

É por isso que Jesus ensinou que o seu Reino é como uma semente. É bom, é necessário que comece pequeno, porque começa lá no fundo do coração de cada um. Começa com um bom sentimento, depois com uma certeza. A certeza se transforma em decisão e a decisão muda a nossa vida. A decisão é um exemplo de coragem e o exemplo é sempre contagiante.

Assim o Reino cresce e ninguém consegue contê-lo. Não vem para dominar, mas para libertar. Não cresce para sufocar; espalha os seus ramos para acolher a todos com a sua sombra, como uma árvore frondosa, cheia de folhas, flores e frutos, tudo no tempo certo. Quem teria pensado? A semente era tão pequena! A fé não precisa ser grande, basta que seja verdadeira.

# Bobos felizes?

"O hábito não faz o monge", diz o provérbio, mas sem dúvida chama um pouco, ou muita atenção. Talvez uma criança curiosa tenha nos incomodado com perguntas inocentes, querendo saber por que aquela pessoa estava vestida daquele jeito. Claro que podemos sair-nos com uma resposta curta e grossa: "é um frei", "é uma freira". Mas se a criança insistir, querendo saber mais, saberíamos responder à altura e com gosto? Ou nos esconderíamos atrás do banal: "Deixa pra lá", equivalente a não saber ou a não querer responder?

Tenho certeza: digam o que quiserem, finjam não ver, ignorem a presença deles e delas, mas os religiosos e as religiosas chamam atenção. Não porque queiram isso, mas porque ou pelo hábito ou pelo jeito nos obrigam a nos perguntar por que eles e elas escolheram aquela forma de viver. Por quê?

Insisto sobre os questionamentos porque também a vida religiosa mudou. A freira, que anda pelas casas do bairro pobre, é formada em Pedagogia e está estudando Ciências Sociais. O monge que abre a porta do convento e acolhe os mendigos é mestre em Letras pela PUC de São Paulo. O frei que anda de bicicleta, evitando os buracos e a lama da periferia, é advogado. A irmãzinha que cuida da creche é enfermeira diplomada e continua estudando Medicina à noite. O irmão que está no acampamento dos Sem-Terra é doutor em Teologia. E assim poderíamos continuar.

Quem tem uma imagem dos irmãos e das irmãs como de "coitadinhos", meio perdidos e fora do tempo, está muito enganado. Isto, porém, não somente porque eles e elas hoje estudam mais, mas porque continuam sabendo muito bem o que querem. Eles têm um grande projeto de vida. Querem ser felizes vivendo o Evangelho. Querem contribuir com a sociedade de hoje seguindo as pegadas de Jesus Cristo.

Se a vida religiosa podia parecer, no passado, um refúgio onde encontrar certa tranquilidade ou uma fuga por medo das coisas perigosas do mundo, hoje é exatamente o contrário. Vida religiosa não é para fracos e fracas, não. É cada vez mais exigente. O celibato para o Reino de Deus e a virgindade consagrada, a pobreza e a obediência podem parecer loucura, inaptidão, uma inútil inibição dos projetos pessoais, uma afronta à liberdade individual de quem vive alucinado e iludido pelas coisas do mundo, para quem adora encontrar defeitos nos outros e somente sabem criticar. Por isso a vida religiosa sempre será questionada e sempre chamará atenção. O caminho difícil e a porta estreita não são para todos.

Se não entendemos tudo isso ou não sabemos responder bem às perguntas acima, tenhamos ao menos o bom senso de não falar à toa e, quem sabe, aprendamos a agradecer a estas pessoas que pagam com a própria vida as suas escolhas. Se não fosse assim a Irmã Dorothy não teria sido assassinada. O Padre Bossi, do PIME, não teria sido sequestrado nas Filipinas. Os religiosos e as religiosas podem ter muitos defeitos, como qualquer pessoa, mas não são nem bobos nem ingênuos.

A chamada "crise da vida religiosa" pode existir pela quantidade, mas com certeza não pela qualidade. Talvez aos jovens, hoje, falte coragem. Estão sendo vencidos pelo medo de seguir até o fim o projeto de Jesus. Estão com medo de parecer diferentes ou incomodar os outros, de começar a mudar a história mudando a própria vida. Por isso Jesus repetiu tantas vezes aos discípulos: "Não tenham medo..." e o repete ainda hoje. Para nós todos.

# Confessavam os seus pecados

*A* pregação de João Batista, o precursor, não foi agradável. Podemos dizer que foi ameaçadora. Toda árvore que não produzir bom fruto será cortada. E a palha? Se for inútil, será queimada. Somente os bons frutos e o trigo vão ficar. O resto será cortado e queimado. Mas o povo ia ao encontro de João. Eles "confessavam os seus pecados e João os batizava no rio Jordão". Quer dizer que as ameaças de João tiveram certo sucesso. Não sabemos se foi por medo ou por convicção, mas ao menos alguns foram tocados pelas palavras de quem "gritava no deserto". Seria o caso de voltar a ameaçar o nosso povo? Não acredito. Também porque o próprio Jesus, apesar de ter também chamado atenção e anunciado castigos, não escolheu o caminho do medo.

Ainda hoje, claro, as ameaças podem funcionar. Sempre terá mãe dizendo ao filho que ele vai apanhar, em lugar de conversar com ele. Sempre haverá alguém indo à Missa, no domingo, só para cumprir uma obrigação, para se sentir seguro de não correr nenhum perigo. A ideia de um Deus que castiga, que atrapalha os nossos planos, que gosta de nos ver sofrer, sempre terá alguns adeptos e seguidores: profetas zangados que anunciam um Deus justiceiro. Sinceramente é difícil amar um Deus assim, e, mais difícil ainda, acreditar que ele seja o Amor.

Estou convencido de que Deus Pai não precisa ameaçar ninguém, nem enviou o seu Filho para nos amedrontar. Prefiro pensar num Deus que sofre conosco, porque, na realidade, são os caminhos errados que percorremos que nos fazem sofrer. De uma situação injusta, nunca nascerá algo de bom. Mais facilmente virá mais ódio e mais desejo de vingança. Da violência, nunca virá a paz. De uma guerra nunca surgirá a fraternidade. Para ter paz e fraternidade, há que se pôr fim à guerra e à violência!

Por isso Jesus mandou Pedro repor a espada e, se ameaçou, com os seus famosos "ais", foi só para lembrar aos ouvintes que estavam no caminho errado. Do mal não pode vir o bem, a não ser que quem o pratica entender o seu erro e aceitar corrigir-se. Quem acorria ao deserto e aceitava o batismo de penitência de João "confessava os seus pecados", quer dizer que se declarava abertamente pecador, ou, pelo simples fato de estar aí, reconhecia a necessidade da sua conversão.

Como é difícil mudar de vida. As ameaças dos pais espantam a criança, mas fazem rir o adolescente e o jovem. As profecias dos desastres, também do planeta Terra, hoje tão em moda, não conseguem conter o consumo, o desperdício e a poluição. As multas doem, mas não temos certeza de que salvem alguém da morte, quando a adrenalina de uma corrida desenfreada elimina todo medo e prudência. Se o pensamento ou a lembrança da prisão surtissem efeito, teríamos vagas nas penitenciárias.

É algo de mais profundo que deve ser mudado. Infelizmente, ainda acreditamos mais no medo que no amor, confiamos mais nas armas que na força do exemplo e da convicção. A brutalidade, a violência e a morte ainda parecem o caminho mais curto e mais fácil para resolver os problemas. Na realidade nunca resolvem nada, somente silenciam a questão, fecham as bocas, prendem os corações, anestesiam as consciências.

O caminho certo para mudar as coisas é o do diálogo, e não o da agressão. O caminho da honestidade e da justiça, e não o da corrupção e da desigualdade. Reconheçamos os nossos pecados e peçamos perdão, para começar de novo, sem medo, sem ameaças, só com a força do bem e da verdade.

# Na mesma hora
## se levantaram e voltaram

Entre as doenças que, em nossos dias, mais afetam a humanidade está a depressão. Até crianças que deveriam brincar alegremente e sem nenhuma preocupação são atingidas. Jovens também perdem o sentido da vida. Sem falar dos adultos e dos idosos. Por causa de alguma decepção ou situação difícil, avança o fantasma da depressão. Conheci algumas dessas pessoas. Sobrevivem tomando remédios, têm medo de qualquer novidade, não conseguem mais tomar decisões. A vida delas virou um pesadelo. Felizes os que conseguem sair dessa situação.

A depressão psicológica e física é visível ao nosso redor. Talvez já tenha chegado às nossas famílias. Mas nada falamos da depressão espiritual, da decepção que podemos experimentar com a nossa fé. De repente, ou aos poucos, gestos e palavras, que até aquele momento nos davam alegria e nos faziam sentir bem, ficam vazios. Perderam o sentido. As consequências são imediatas: paramos de rezar, deixamos de participar da Missa aos domingos, ocupamos compulsivamente qualquer instante da nossa jornada para não ter que pensar ou sentir a falta daquilo que antes ocupava, ao menos um pouco, o nosso tempo. Essa fase, em geral, segue outra anterior na qual começamos a duvidar de tudo. A impressão é de termos sido enganados, e que só acreditávamos em tudo aquilo porque éramos crianças, vítimas de crenças e fantasias. Agora crescemos.

Isso acontece muitas vezes na juventude. Os pais dizem que não conseguem mais levar os filhos para a Igreja. Ao convite dos pais os filhos respondem que não têm mais vontade. Por respeito, ou para evitar piores consequências, não dizem, na cara dos pais, que acham tudo aquilo bobagem. Talvez não saibam, mas caíram numa depressão espiritual. Provavelmente esperavam da fé e da prática cristã algo que esta não podia lhes dar e com isso chegam à conclusão de que foi tudo inútil.

Nenhuma novidade. No caminho da vida, também os dois discípulos de Emaús estavam tristes e decepcionados. Esperaram muito de Jesus, uma revolução arrasadora e, talvez, muita riqueza e poder. Entretanto o profeta de Nazaré foi preso e morreu numa cruz. Tudo acabou. O túmulo vazio? Só conversa de mulheres, sem fundamento. Nesse caso, Jesus, ainda irreconhecível no peregrino que caminhava com eles, aplicou-lhes dois remédios: um puxão de orelhas e uma nova explicação, desta vez incluindo o escárnio da cruz para chegar à glória da ressurreição. Quando, enfim, os dois reconheceram Jesus ao verem-no repartir o pão da fraternidade, os remédios alcançaram o seu efeito final: naquela mesma hora – e já devia ser muito tarde – levantaram e voltaram para Jerusalém. E, ainda por cima, com o coração ardendo pelas palavras do Senhor, quer dizer, curados da depressão e agora cheios de entusiasmo e de coragem.

Os dois remédios de Jesus continuam válidos, os seus efeitos não têm data de vencimento. Quem se afastou da fé, da comunidade e da Igreja precisa encontrar um verdadeiro amigo que lhe diga que está errado e lhe abra a inteligência para uma nova compreensão. Às dúvidas não se responde desistindo de encontrar a resposta, mas aprofundando as questões. Sempre encontraremos alguém zombando da nossa fé, nem por isso devemos nos achar ridículos. Sempre alguma novidade se apresentará mais fascinante que algumas práticas antigas. Antes de entrar no frenesi, poderíamos duvidar do barulho, das emoções e das aparências. Voltar lá, de onde saímos, não é vergonhoso nem humilhante. Pode ser um sinal de maturidade. Passaram a depressão e a dúvida, o coração volta a arder. Ficamos curados e podemos ajudar outros a encontrar, de novo, a saúde.

# O encontro

Quando uma pessoa manifesta aptidões para certa atividade, profissão ou estado de vida, é comum dizer que ela tem vocação. Nesses casos a predisposição, os talentos e o jeito dela se juntam com a preparação, a competência, a simpatia e o gosto por aquela atividade. Pode ser uma profissão, uma arte, uma forma de passar o tempo, uma condição de vida – como constituir uma família, por exemplo.

A pessoa fica satisfeita, se sente realizada com aquilo que faz, pela forma de conduzir a sua vida. Os outros desfrutam dos bons resultados da sua criatividade, da sua eficiência, do seu entusiasmo. É bom para ela, é bom para os outros.

Infelizmente nem todos podem dizer que estão tão bem, que se sentem a pessoa certa no lugar certo. Muitos aguentam trabalhos e profissões indesejados, simplesmente, por não ter tido opções. Outros, também, não se sentem felizes pelo estado de vida. Acabam conformando-se com a situação, também gostariam muito de que fosse diferente. Eles tinham, provavelmente, outra vocação.

Isto se pode dizer depois, ao longo da vida, vendo os frutos do esforço daquela pessoa, as condições da sua vida, as dificuldades ou as alegrias que experimenta.

Mas antes, quando era muito mais jovem, quando teve a chance de escolher, a possibilidade de decidir o caminho, como se deu a sua vocação? Quando e como um jovem pode ter a clareza da própria vocação, a intuição de que, tomando aquela decisão, algo de importante irá acontecer na sua vida?

Não é tão simples responder, cada um tem a sua história, mas acredito que toda vocação se realiza a partir de um encontro.

Uma família sempre começa com o encontro do casal. Duas pessoas antes desconhecidas ou que não ligavam uma para a outra se encontram. Olham-se e algo de bonito e de grande pode acontecer. Descobrem que podem ajudar-se na vida: o que uma tem falta à outra. Decidem juntar as suas vidas para que dali para frente seja uma vida só. É o mistério do amor.

Quase sempre no início da carreira de um grande artista está o encontro com alguém que o ajudou a descobrir o seu talento ou o incentivou a ir adiante. Pode ser alguém da própria família, alguém que, por acaso, o tenha ouvido cantar, tocar, o tenha visto pintar, ou mesmo o tenha descoberto num banco da escola aprendendo a crescer. Para muitas crianças um encontro com um educador, com um profissional, com uma boa pessoa, levou-as a pensar: "Quando eu crescer, quero ser como ele, como ela". E aquele exemplo nunca mais saiu da memória e dos sonhos daquela criança.

Penso no encontro de Jesus com os pescadores na beira do mar da Galileia. Pedro e os outros tinham as suas famílias, a sua profissão. Talvez não esperassem nada de muito novo na vida deles. Estavam, diríamos hoje, estabilizados. É uma maneira de falar, porque bem pouca pode ser a estabilidade de pobres pescadores que viviam da incerteza do tempo e da pesca. Mas a vida deles estava traçada. Talvez tivessem também renunciado a sonhar. No entanto, bastou Jesus passar e chamá-los que deixaram tudo e o seguiram. Jesus viu no fundo do coração deles uma potencialidade a eles mesmos desconhecida: tinham condições de serem pescadores de homens. Nem eles imaginavam tanto!

O encontro com Jesus não deixa ninguém sossegado. Começa uma nova e sofrida aventura, mas também acontece a maravilhosa descoberta de que até pescadores, cobradores de impostos, revolucionários e ladrões, podem ser apóstolos.

Que pena que muitos de nós, que nos chamamos de cristãos, nunca tenhamos encontrado Jesus de verdade!

# Pensamentos e orações

Apesar de existirem máquinas que, dizem, detectam a verdade ou a mentira das pessoas, ainda temos uma área reservada para nós mesmos, onde ninguém pode entrar. São os nossos pensamentos. Os outros vão saber somente o que nós deixamos escapar, ou o que decidimos revelar. O resto fica conosco, guardado ou esquecido; curtido, às vezes; outras teimando em voltar contra a nossa vontade. É o patrimônio das emoções, das lembranças e das saudades. Infelizmente, também, das feridas, das humilhações e das tristezas que carregamos. Esse, talvez, seja o nosso tesouro verdadeiramente pessoal, onde estamos a sós com a nossa consciência e que, inclusive, não vamos poder deixar para ninguém. É nosso e basta. Nosso e de Deus, claro, se acreditamos e confiamos nele.

Tudo o que lembrei vale também para a nossa oração.

Nos poucos momentos de silêncio das nossas liturgias, surpreendo-me perguntando o que as pessoas estão pensando e rezando. Todos nós ouvimos a mesma Palavra de Deus, a mesma explicação, cantamos os mesmos cantos, recebemos a mesma Eucaristia, mas cada um carrega no seu coração a própria história, a própria personalidade e a própria fé.

Imagino a oração simples e confiante das crianças, repetindo palavras ouvidas e correndo com o pensamento, já lá fora, nas brincadeiras com os colegas, nos pequenos objetos guardados com ciúme. Imagino também a oração dos idosos, carregadas de lembranças, de rostos e de momentos vividos. Alguns devem agradecer pelo dom da vida, outros devem pedir mais uns dias, outros se preparam para o grande encontro. Todos, com certeza, rezam por suas famílias e por aqueles que os acompanham. Que bom quando a pessoa idosa se sente amada e até mimada!

A oração dos pais deve repercutir a preocupação com a família, os filhos, o trabalho, as contas a pagar. E também o desejo de serem um pouco mais sorridentes e amigos dos que encontrarem nos caminhos da vida. No meio de tantas confusões, um pouco de serenidade, esperança e alegria são bens preciosos a serem protegidos e sempre renovados a cada celebração da vida e da fé.

Fico também pensando como deve ser a oração dos empresários, dos executivos, dos políticos, dos comerciantes. Será que sabem deixar um pouco de lado os negócios e pensar em Deus? Como se sentem, perante o Altíssimo, na posição social tão importante e vertiginosa que ocupam?

Não posso me esquecer da oração dos nossos irmãos com deficiências. Como será a oração de quem não pode andar, de quem não consegue falar e de quem mal sobrevive, carente de pensamentos e sonhos? Talvez seja a melhor, a única que Deus já conhece e acolhe.

Assim Jesus, um dia, falou da oração de dois homens, um fariseu e um cobrador de impostos. O primeiro foi ao Templo para se orgulhar da sua honestidade, da sua integridade e obediência mais rigorosa às leis. Infelizmente estava tão cheio de si que acabou desprezando o cobrador de impostos, que estava lá no fundo, de cabeça baixa. Essa não foi oração, coisa nenhuma, porque aquele homem não precisava de Deus, de tão bom e perfeito que se achava. Ao Pai, também, não interessava, e continua não interessando, uma oração assim. Para os filhos, também, é inútil, porque não muda em nada a vida deles: são os melhores! Nada mais têm a aprender. Humilde foi, ao contrário, a oração do cobrador de impostos. Reconhecia-se pecador e achava que não merecia nem levantar os olhos para o alto. Pediu perdão e ajuda para mudar. Entendeu que devia mudar. Desejar ser melhor já é um começo. Abre-se um caminho.

Vamos todos aproveitar para melhorar a nossa oração. No silêncio do nosso coração, só Deus sabe o que estamos pedindo, por que estamos agradecendo ou louvando. Somente ele e nós conhecemos as nossas angústias. O IV Prefácio Comum diz assim: "Eles [os louvores] nada acrescentam ao que sois, mas nos aproximam de vós, por Jesus Cristo, vosso Filho e Senhor nosso".

Enfim, pensamentos e orações, apesar de secretos, servem para a comunhão entre nós e Deus. E a solidão fica menos pesada.

# Retrospectivas

Quando chega o fim de ano, gosto de assistir aos programas da TV chamados de "retrospectivas". Em poucos minutos passa um ano inteiro. Assim tenho a impressão de que o tempo voou. Demorou um ano, nem mais, nem menos, mas ali é tudo tão rápido! Fica a impressão das tantas coisas que aconteceram. Muitas, dizendo a verdade, já tinha esquecido; outras, já não sabia mais se tinha sido neste ano ou, sabe lá, anos atrás. Casos que foram notícias, repetidas até a exaustão: onde estarão agora todas aquelas pessoas? Algumas ficaram, ainda por cima, com a imagem ligeiramente manchada, mas ainda em lugar de destaque. Outras voltaram ao anonimato: os minutos de fama passaram rápido. Em geral, para quase todas, sobraram o prejuízo, o vazio, a luta para retomar uma vida normal, a briga para recuperar os seus direitos.

E eu? Onde estava? Quando assisto a todos estes fatos, me sinto tão pequeno, insignificante... As coisas foram acontecendo e eu fiquei de fora, só assistindo. Como se assiste a um jogo, jogado pelos outros. Agora, vejo a história passar na telinha. Parece que o meu ano, um ano inteiro, passou e eu não fiz nada. Nada que tenha merecido atenção. Sou tentado a ficar com inveja. Será que eu não faço parte desta história? Os outros, os que agora passam aí, estes sim, são importantes, eu não. Mas, no próximo ano, vou me mexer, vou estar lá no seleto número dos colunáveis.

Depois paro para pensar: muitos passaram nos noticiários não foi por coisa boa, não. Uns passaram sofrendo e chorando. Outros esconderam o rosto na hora do *flash*. Outros ostentaram orgulho, raiva, revolta, indignação. De muitos, muitos mesmo, não lembro mais nada. Começo a me convencer de que quem está fazendo mesmo a história, quem está dando rosto a este mundo são os bilhões de pessoas comuns. Aquelas que levantam todo dia para trabalhar, que pagam os impostos. Aquelas que alongam as filas, que usam os ônibus, o metrô, a bicicleta. Aquelas que desejam chegar logo em casa, porque querem estar com a família. Aquelas que cochilam na hora da telenovela e nunca sabem quem é a mulher de quem. Aquelas que trocam os nomes dos atores, dos cantores, dos políticos. Aquelas que toda manhã e toda noite dizem "Bom-dia" e "Até amanhã, se Deus quiser" às mesmas pessoas e recebem as mesmas respostas.

São estas pessoas que aguentam os trancos da vida, que dão sentido à história. Os poucos famosos mandariam em quem? Fariam discursos para quem? Venderiam a moda para quem? Sem os bilhões de anônimos o planeta estaria vazio.

São estes que enchem a vida de sorrisos, de pequenos gestos, de abraços, daquelas palavras comuns que fazem funcionar as coisas: "Tá tudo bem? Como vai? Que bom que você chegou. Obrigado".

Não tem general sem exército; não tem ator sem público; não tem político sem votos. Também não tem pastor sem ovelhas. Não é o sorriso da modelo no painel luminoso da praça que faz o mundo mais feliz: ela está sorrindo a todos, mas não ama nenhum dos que passam na avenida. É o abraço dos amigos que se encontram e é o carinho dos namorados que fazem mais alegre a vida. São os segredos dos adolescentes e as brincadeiras das crianças que fazem a vida mais bonita. Estes não passam nas retrospectivas porque são comuns, mas é das coisas e dos gestos comuns que se preenche a nossa vida.

A grande notícia é esta: nós todos somos importantes. Importantíssimos no nosso dia a dia. Estrelas brilhantes pelo bem que fazemos, pela paciência que temos, pela coragem de viver, pela perseverança no caminho. São as nossas pequenas histórias que formam o rio da grande história. Nada e ninguém passa despercebido àquele que ama a todos de verdade. Obrigado, Senhor, por ser "famoso" aos teus olhos.

# Vamos ver o que vai dar

Um casal se apresentou ao pároco para pedir o batismo do filhinho. O padre os acolheu muito bem e perguntou o nome que dariam à criança. A mulher respondeu que sobre isso eles ainda não tinham chegado a um consenso, pior, que estavam brigando. Ambos queriam colocar o nome do próprio pai. O padre quis ajudar e perguntou à senhora qual era o nome do pai dela: "Antônio", respondeu ela. "E o nome do pai do senhor?", indagou o padre olhando para o marido. "Antônio", respondeu o marido. "Qual é o problema?", sorriu o pároco. "É que o meu pai", disse a mulher, "foi um homem bom e respeitado, foi professor, mas o pai dele foi um cafajeste, que aprontou a vida toda. Eu não queria que meu filho levasse o nome de gente que não presta". O padre ficou sem saber o que fazer. Enfim, teve uma ideia e falou: "Bom, vocês vão chamar a criança de Antônio, depois vão deixar ela crescer. Quando for grande, então vocês saberão se pegou o nome do professor ou do cafajeste".

É uma historinha bem conhecida. Cansei de contá-la nos encontros de pais e padrinhos, sobretudo quando os pais aparecem com cada nome que, se é difícil de pronunciar, imaginem como deve ser complicado escrever. Logo a criança ganha um apelido, mais fácil.

Na Bíblia, o nome correspondia à vocação. No nome já estava embutida a missão que a pessoa devia cumprir. Hoje, fica difícil. Muitos acompanham a moda do momento, outros querem ser tão criativos que acabam inventando nomes sem graça.

Mas o padre da historinha tinha razão. Vamos deixar as crianças crescerem e vamos ver o que vai dar. Qualquer nome serve para fazer o bem e ser uma pessoa honesta, como qualquer nome serve para criar problemas. Assim também na hora do batismo pouco adiantaria caprichar no nome, se depois os pais não cuidassem bem da educação da criança. Nome de santo ou de santa não garante um bom cristão ou uma boa cristã. Nome estrambótico também não é sinônimo de bandidagem.

Mais que brigar sobre o nome, os pais – os avós e toda a família – deveriam discutir o que irão ensinar àquela criança. Deveriam preocupar-se com o exemplo que irá receber naquela casa. Não há falta de nomes, mas faltam pais que abram às crianças o caminho da bondade e da fé.

Muitos se esgotam para facilitar a vida de seus filhos. Arrumam tudo o que acham necessário e até o que não serve, abarrotando a casa de mil coisas. Querem resolver todos os problemas dos filhos, para que não sofram. Assim a criança cresce sem aprender a lutar e conquistar o que vale a pena: as amizades, o saber, o encantamento da descoberta das próprias capacidades.

Em lugar de educar adultos autônomos, educamos seres dependentes e inseguros.

Pior ainda quando a criança foi batizada, mas ninguém mais a ajudou a entender o seu batismo. Decora orações, mas não sabe por que e a quem reza. Deve obedecer direitinho, imaginando Deus como uma telecâmara escondida que filma tudo em vez de um pai amoroso e exigente que conhece a potencialidade de amor de cada um.

Para Jesus, lá na beira do rio Jordão o Pai declarou: "Este é o meu Filho amado, no qual eu pus o meu agrado". Para cada criança que nasce, Deus Pai também declara que é um filho amado. Aprender a sermos irmãos entre nós é o mínimo que podemos fazer para corresponder a este amor. Infelizmente, muitos ainda não sabem disso. Outros esqueceram. Outros jogaram fora o seu batismo. Os adultos deveriam ajudar as crianças a tomar consciência do agrado divino, a agradecer por esse amor, a viver e a transmitir tamanha alegria. Ser cristãos adultos e crianças, não pela idade, mas pela fé e o compromisso. Se o queremos, nunca é tarde para crescer.

# O som da moeda

No tempo em que os juízes andavam no meio do povo, aconteceu um fato interessante. Um jovem muito pobre estava com fome, mas só tinha dinheiro para comprar um pão. Comprou o pão e, andando pelas bancas da feira, aproximou-se de um ponto onde um senhor estava assando churrasquinhos. O cheiro da comida se espalhava pelo ar e dava água na boca. O jovem começou a aspirar com toda vontade o aroma gostoso do churrasco e a engolir o pão seco.

O vendedor dos espetos, naquele dia, ainda não havia vendido nada e estava tão mal-humorado, que se achou lesado pela aspiração do cheiro. Exigiu que o pobre pagasse o churrasquinho, visto que o cheiro também lhe pertencia de direito, como dono da carne que estava assando. O pobre não tinha como pagar e reclamava que, afinal, não havia nem triscado no espeto. Como sempre, onde há discussão junta-se uma multidão, que ficou dividida entre os que diziam que o pobre devia pagar e os que sustentavam o contrário.

Deus quis que um juiz passasse por ali para resolver a questão. Ele ouviu as partes, ponderou a situação e chegou à conclusão. Perguntou ao vendedor do churrasco quanto custava o espeto. "Uma moeda de cobre", falou o interessado. O juiz pegou a dita moeda, jogou-a com força na mesa de pedra da banca e perguntou ao dono se havia ouvido o "som" da moeda. Ao receber resposta afirmativa, o juiz exclamou: "O senhor está pago! O cheiro do espetinho foi pago com o som da moeda". O povo aplaudiu, o pobre ficou satisfeito e todos, inclusive o dono da banca, aprenderam a lição. Bons tempos, quando talvez fosse mais fácil resolver as disputas e os juízes andavam mesmo no meio do povo.

O Evangelho fala também de um juiz que acaba atendendo uma pobre viúva pelo simples fato de não aguentar mais as queixas dela. Foi a insistência da mulher que venceu a indiferença dele. Talvez, naquele tempo, ele não tivesse como escapar, arquivando o processo ou atendendo a prazos, recursos e todas as tramoias nas quais o leigo desentendido se perde.

Jesus, porém, contou essa parábola para explicar a necessidade de rezar sempre e de nunca desistir. Eu aproveitei para falar um pouco da justiça humana. Se a perseverança da oração ganha o coração de Deus, não deveriam também a verdade e o bem ganhar, por força própria, das inúmeras interpretações das leis, das CPIs, dos *habeas corpus* e de tudo o mais que não deixa a justiça julgar e, menos ainda, obrigar a respeitar as leis aqueles que as infligiram?

Vamos rezar sempre e nunca desistir, não só para que Deus tenha compaixão de nós e venha em nosso socorro, mas também para que a justiça humana cumpra a sua nobre missão e ajude mais no que a ela compete, na convivência fraterna em nossa sociedade. Quando a impunidade pode burlar as leis, devemos nos perguntar: para que elas servem se não são respeitadas, se o jeitinho, as articulações, os conchavos e a barganha passam por cima de tudo? O conjunto da própria sociedade fica desmoralizado se as leis têm valor só para alguns e não para todos. Até o juiz injusto do Evangelho, que não temia a Deus, fez justiça à viúva. Assim estou convencido de que a administração da justiça seja uma verdadeira tarefa de altíssimo valor para educar o povo, para ensinar o respeito, a convivência pacífica, a tolerância e levar à solução razoável das questões.

"*Corruptio optimi pessima*", dizia o bom latim. Terríveis são as consequências da corrupção dos melhores. Se quem deve ensinar o bem e a justiça não a pratica, o que será de nós? Continuemos rezando sem nunca desistir!

# A Revelação e as revelações

O Cristianismo se define como uma religião revelada. Isso quer dizer: as verdades que anuncia não são simplesmente o resultado da sabedoria, da reflexão e da inteligência humanas, e sim que a fonte dessas verdades é o próprio Deus. Ele mesmo quer e gosta de se comunicar para poder ser conhecido e amado.

Alguém poderia contestar que isso é muito cômodo; qualquer um poderia afirmar que o que está dizendo é revelação de Deus. Como provar se é verdade ou mentira? A esta altura poderíamos responder que ninguém é obrigado a acreditar. Somos livres para decidir, mas, também, cada um pode ser enganado, querendo ou não. Certas mentiras vêm tão bem embrulhadas que parecem verdades, e vice-versa, certas verdades são tão extraordinárias que parecem mentiras. Muitos falam de Deus e até em nome dele, porém quem diz a verdade? Mais próximo da verdade será aquele que fala sobre Deus, o que ele revelou de si próprio.

Devem existir, portanto, alguns critérios para chegar mais perto da verdade. A meu ver, o primeiro critério é que deve se tratar de uma verdade séria, importante, possivelmente para todos, quer acreditem ou não. Com isso tiramos logo todas aquelas "revelações" de segredos, tesouros escondidos, mágicas e mistérios que beneficiam apenas alguns iniciados e servem mais para livros e filmes de ficção e menos para a vida do dia a dia.

O segundo critério é que a verdade revelada deve nos falar de algo ou de alguém difícil de explicar, que não está ao alcance imediato da nossa experiência humana. Se não fosse assim, não precisaria de revelação. Todo mundo, ou quase, já saberia. A fé seria inútil. No nosso caso é o próprio Deus que se faz conhecer e nos ajuda a crer nele, a compreendê-lo cada vez melhor e com mais profundidade.

Por fim acredito que exista um terceiro critério: o da surpresa. Deus nos revelaria algo que nós nunca teríamos imaginado com a nossa limitada inteligência. Por exemplo, o sentimento mais comum das pessoas quando pensam em Deus é o medo. Medo de serem castigadas e de sofrer. Jesus revelou que Deus é um Pai bondoso e misericordioso e repetiu muitas vezes que não deveríamos ter medo. Deus quer fazer de nós amigos, não escravos cegamente obedientes. Outra ideia bem enraizada é que Deus nunca pode perder, pois ele é o Todo-Poderoso. No entanto, com a morte de Jesus assistimos à derrota humana dele. Morreu como um perdedor, calado pela violência, enquanto os poderosos deste mundo foram, são e sempre serão vencidos pela morte. O grande fracassado, espoliado de tudo, ao contrário, é o único vencedor da morte. Tudo isso aconteceu porque Jesus, o Filho, obedeceu ao Pai por amor e também por amor aceitou morrer. O que parecia o fim se tornou o início de uma vida nova. Uma esperança imortal, que nem o fim desta vida terrena pode abalar.

Assim também o Deus dos cristãos é adorado. E é o Espírito Santo que nos conduz no caminho da fé, na alegria do seguimento de Jesus, na busca da santidade. São coisas que interessam só a quem não se satisfaz com os bens materiais e busca um sentido mais profundo na vida.

Até aqui, tudo bem. Pode até ter existido alguém que, ao longo da história do pensamento humano, tenha chegado a imaginar um Deus amoroso, um Deus capaz de dar a vida para os seus amigos e, enfim, um Deus perfeito e santo que quer tornar assim também os seus seguidores. Agora, um Deus Pai, Filho e Espírito Santo, um Deus Trindade, teria sido muito difícil imaginar, mesmo porque não cabe bem na nossa cabeça um Deus Único em três Pessoas, uma triunidade ou Trindade.

Aqui a criatividade humana teria desistido. A novidade, antes impensável, é a unidade e a diversidade no amor. Amam-se tanto que são um só. Mas é também a diversidade que permite o amor. Deus é amor perfeito, então, não fechado em si mesmo, mas aberto a nós, pobres criaturas! Na maioria das vezes, incapazes de agradecer e corresponder à tamanha novidade. Não, a Santíssima Trindade não é uma invenção humana, somente Deus poderia revelar-se assim.

# Escolhe, pois, a vida

É bem conhecido o caso daquele homem que, querendo envergonhar o Sábio, esconde um passarinho em uma das mãos, atrás das costas, e diante de todo mundo pergunta se a ave está viva ou morta. O mestre, simplesmente responde: "Se o quiseres estará viva, mas se não o quiseres estará morta". Com efeito, se o Sábio tivesse respondido que o que tinha na mão estava morta, ele teria deixado viver o passarinho, mas se tivesse respondido que estava viva, teria facilmente sufocado a pequena ave. A decisão e a resposta estavam nas mãos daquele que havia formulado a pergunta.

Todos aproveitamos da vida e queremos viver o mais possível e da melhor maneira, mas poucas vezes nos perguntamos o que poderíamos e deveríamos fazer para que a vida em si, da qual nós todos também fazemos parte, fosse melhor. O sentido da vida é amplo, não basta sobreviver, deixar passar os dias e os anos. Nós todos precisamos dar um significado à nossa existência. Queremos saber mais: de onde viemos e para onde vamos? Por que sofremos? Por que amamos e somos amados? Por fim, questiona-nos a trágica realidade da morte que nos aguarda, quando o nosso anseio é viver. Entendemos que a nossa vida está em nossas mãos. Não totalmente, claro, porém percebemos que ela nos escapa se não a vivermos com plenitude, compreendendo o que acontece conosco, com os outros e com o mundo.

Recebemos a vida de outros e teremos que entregá-la um dia. Porém a maneira de viver, ter esta vida cheia ou vazia, com esperança ou sem rumo, depende de nós, da nossa busca, de quanto também estamos dispostos a arriscar nessa procura. É por isso que a realização da nossa vida não depende somente das condições que também recebemos. Às vezes as limitações nos obrigam a lutar para a afirmação das nossas capacidades e a vida se torna uma preciosidade para nós: algo que construímos com o nosso esforço não pode ser jogado fora. Outras vezes, a facilidade das coisas nos leva a desvalorizar os bens que tivemos tão facilmente nas mãos. Podemos chegar a desprezar esses bens, incluindo neles a nossa própria vida. Do mesmo jeito, a busca dos bens materiais, necessários para a nossa vida, pode tornar-se uma obsessão. Nesse caso a cobiça das coisas toma conta de nós, orienta as nossas decisões e as nossas amizades. Não sabemos fazer mais nada sem ganhar e ficamos apavorados quando alguém ameaça os nossos bens. Que vida é essa?

Se nessa reflexão colocamos, pois, a maravilhosa possibilidade de transmitir a vida, ainda mais devemos responder, com urgência, às perguntas sobre a nossa existência. Vale a pena colocar alguém neste mundo para sofrer? Se estamos de mal com a vida, responderemos sempre negativamente. Mas, se confiamos na bondade do ser humano, se não nos deixamos levar pelos entraves do cotidiano, doar a vida a um novo ser é um hino à própria vida, um agradecimento por quanto recebemos.

Ser responsáveis por alguém nos obriga a fazer algo de melhor por ele. A vida não é somente lágrimas, graças a Deus.

A Campanha da Fraternidade de 2008 – "Escolhe, pois, a vida" – ofereceu uma boa oportunidade para questionar-nos sobre a vida que conduzimos e de qual vida estamos cuidando. Se a vida vale só pelo dinheiro, lucro e sucesso, pela saúde ou posição social, poucos sobreviveriam.

As "massas sobrantes", às margens da sociedade, excluídas nas favelas e nos alagados, primeiras vítimas da violência e das drogas; os desempregados do capital; os jovens em busca de valores, trabalho e educação, têm ou não têm direito de viver? Mas qual vida esta sociedade oferece? Uma sociedade que recompensa os já abastecidos corre o perigo de não ser mais humana. Uma sociedade que não defende os fracos e os desamparados das ameaças e da violência dos poderosos não é mais uma sociedade boa para se viver. Dá medo, em lugar de oferecer alegria e esperança.

Podemos acreditar, ou não, no Deus da Vida, mas com certeza não devemos querer ter na consciência o peso da morte física ou espiritual de tantos inocentes que, sem culpa, só recebem os males da vida. Os bens devem ser partilhados, a vida deve oferecer oportunidades para todos, a começar pelos mais desamparados. "Se o pobre clamar por mim, eu o ouvirei", diz o Senhor (cf. Ex 22,25-26). Deus nos deu ouvidos para ouvir esse grito, não para nos fingirmos de surdos.

# Boa viagem

Certa vez, numa cidade por onde passei, encontrei uma funerária chamada "Boa Viagem". Se a referência era aos confortáveis caixões à venda, achei o nome de mau gosto. Mas, se o desejo era que a morte conduzisse a pessoa falecida a uma meta agradável e esperada, talvez pensar numa boa viagem tenha sentido.

Estamos acostumados a comparar a nossa vida a uma peregrinação. Chamamos de "partida" o falecimento de uma pessoa. Para onde? A morte é, para muitos, a meta final. Para quem tem fé, há algo mais a nos esperar. Para os cristãos há o Deus da Vida. Jesus, o vencedor da morte, prometeu vida a quem acreditar nele. Falou de muitos lugares na casa do Pai. O número não está fechado; podemos acreditar que haja lugar para todos. A única dificuldade é como chegar lá. Também os apóstolos, querendo entender, perguntaram qual era o caminho. Jesus respondeu com as bem conhecidas palavras: "Eu sou o caminho, a verdade e a vida. Ninguém vai ao Pai senão por mim".

De uma forma ou de outra, todos nós somos desbravadores, abrimos estradas, ao longo da nossa existência. No início, acompanhamos nossos pais e educadores. Depois, na adolescência e juventude, sonhamos com os grandes ídolos, chegamos a querer imitá-los, a ser como eles. Mais adultos, entendemos que ninguém imita ninguém. Somos todos originais, impossível ser cópia de outros. Seria fácil ter alguém a nos orientar nos desejos, nas decisões, nos sentimentos, pois quando pensamos o que os outros nos induzem a pensar nos sentimos livres de todas as responsabilidades. Mas ser adultos é, ao contrário, aprender a escolher e a decidir, é assumir o peso da liberdade.

Vivemos numa sociedade na qual, aparentemente, as opções se multiplicam cada dia. Fica difícil decidir qual celular comprar, no meio de tantos aparelhos. O mesmo com o carro, a televisão, a roupa. Na compra, experimentamos a vertigem da escolha. Na realidade, somos livres somente de escolher o modelo, não de desistir de comprar. Se todos têm, nós também devemos ter? Assim continuamos imitando os outros. Descarregamos responsabilidades. Sem perceber, renunciamos a abrir um caminho nosso, original, pensado, escolhido. Corremos atrás daquilo que nos parece atraente, melhor ainda se somos numerosos a fazê-lo. Esta é a garantia de que estamos no caminho certo, pensamos.

Onde ficou Jesus? Ele também quer que o imitemos, mas não para termos os mesmos cabelos, a mesma barba, mas porque, diria o seu grande seguidor São Paulo, para termos "o mesmo sentir e pensar dele" (cf. Fl 2,5). É andando pelas estradas da vida que buscamos e encontramos o caminho: quando escolhemos fazer o bem, não porque todos o fazem, mas por causa da nossa consciência, porque o mal nos incomoda e o bem nos faz felizes; quando defendemos a verdade, não porque todos pensam e falam dela, mas porque compreendemos o valor e a luz que ela tem; quando estamos dispostos a perder o lucro ou a dar de nossa pobreza somente em vista da alegria de ajudar, na impagável experiência da gratuidade e generosidade.

É somente neste caminho do amor que podemos ser livres. Seguindo Jesus, compreendemos de maneira nova a nossa peregrinação neste mundo. Dizia o antigo Sêneca: "Não adianta o vento favorável se o barco desconhece o porto de destino". Trilhamos tantas veredas, damos tantas voltas na vida, para chegar aonde? Jesus se oferece para ser, ao mesmo tempo, o nosso caminho e a nossa meta. Ele é a verdade que nos liberta. Ele dá plenitude de sentido à nossa vida agora e para sempre. Então, se descobrimos de onde viemos e para onde vamos e, mais ainda, se sabemos o caminho, faremos, sim, uma boa viagem!

# *Cego por amor*

$\mathcal{U}$ma fábula africana conta que uma jovem caiu doente de varíola pouco antes de se casar. O marido disse que estava com problemas nos olhos e, logo em seguida, declarou a todos que estava cego. Os dois começaram a viver juntos. Ela desfigurada pela doença e ele sem enxergar. Depois de vinte anos de matrimônio, a esposa faleceu. No dia seguinte, o homem abriu os olhos e voltou a ver. Os amigos e vizinhos quiseram saber a razão daquela cura tão repentina. Ele respondeu: "Eu não era cego. Fingi sê-lo todos esses anos, para que a minha esposa não ficasse triste sabendo que eu podia ver o seu rosto deturpado pela varíola".

Quando Jesus disse que para amá-lo precisávamos observar os seus mandamentos, parece ter caído em contradição, pois entendemos o amor como algo que nasce no coração, espontânea e livremente. Ao contrário, "mandamento" exige vontade, esforço, obediência. O que é feito por obrigação, pensamos, nem sempre vem do amor. Mais fácil ainda é dizer que não se pode obrigar ninguém a amar. No entanto, o Papa Bento XVI gastou algumas páginas da sua primeira carta *Deus é amor* para explicar que esta aparente contradição não existe.

Tudo depende do que entendemos por "mandamento" e por "amor". Se o amor é um sentimento, uma emoção, não vem da vontade – nem nossa, nem de outros. Não basta querer amar para amar de verdade; é preciso algo mais, que brota do nosso coração. Porém esse sentimento de amor, que aparece tão de repente, pode desaparecer com a mesma rapidez. Passar da loucura ao desânimo não é só experiência de adolescente.

Com isso entendemos que o amor verdadeiro precisa passar também pela prova do tempo e que, portanto, é necessário desejá-lo, querê-lo, sempre melhorá-lo. O que começou como sentimento precisa de paciência, capricho, perseverança para não sucumbir às dificuldades. Existem muitos casais, por exemplo, que dizem se amar muito, no entanto não querem formalizar a sua união. Dizem que o papel passado seria o fim do amor. Respeito as motivações deles, mas na prática acredito que algo de suficientemente estável deve existir também entre eles, senão um dos dois (ou ambos) ficaria o tempo todo com medo de ser largado de um dia para o outro. Medo não é sustento para o amor; confiança, sim. A liberdade, como resultado da indiferença, não contribui para a felicidade. O amor verdadeiro precisa também de compromisso, de palavra dada e respeitada, de garantia, de seriedade. Corre perigo como todas as coisas humanas, porém quando o sentimento e a vontade se sustentam e se motivam reciprocamente, as chances de superar as tempestades é bem maior. Lutamos e não queremos perder o que amamos e vice-versa. Amamos mais o que conquistamos com a nossa dedicação.

Deixando o exemplo do casal que se ama, o encaixe de amor e mandamento, de gratuidade e vontade, parece mais claro ainda quando falamos de amor ao próximo. Se esperássemos pelos nossos sentimentos, não sei quantas vezes saberíamos socorrer os necessitados. Menos ainda se inimigos ou desconhecidos exigentes e importunos. Se não temos um mínimo de vontade de fazer o bem, encontramos logo mil desculpas para despachar o pedinte. O amor a Deus e ao próximo são mandamentos, porque precisamos nos educar a amar, precisamos acreditar na força transformadora que o amor tem, além dos cálculos e das conveniências. Se depois de um pouco de esforço e perseverança descobrirmos que fazer o bem nos dá alegria, será o sinal que não estamos mais simplesmente obedecendo a um mandamento, mas vivendo e experimentando a liberdade do amor verdadeiro. É o "jugo" de Jesus que, quando carregado de amor, se torna leve (cf. Mt 11,30).

# Conversão

As grandes conversões são bem conhecidas. A pessoa deixa tudo, tudo mesmo, até a roupa, como fez São Francisco, que a devolveu ao pai na praça pública. Ou, muito antes, como São Paulo, que de perseguidor dos cristãos tornou-se apóstolo da fé junto aos pagãos. Muitos começaram uma vida totalmente nova, com uma mudança tão profunda que só poderia ser comparada com um verdadeiro renascer. Para isso, precisaram de muita coragem, determinação, mas, sobretudo, foi indispensável acreditar que a nova vida seria muito melhor do que a anterior. Ninguém muda por mudar. Ao menos não de forma tão radical. Só vale a pena renunciar à vida anterior se a nova é mais atraente, mais desafiante, parece até mais vida.

Para os cristãos, a conversão é o caminho apontado por Jesus como condição para segui-lo mais de perto, como exigência de sinceridade e compromisso. Não dá para confundir Jesus somente com as nossas promessas: algo de concreto, de visível e de palpável deve ser feito. Não dá para dizer que o queremos seguir se depois continuamos do mesmo jeito, sem nunca mudar nem de ideia nem de atitude.

A conversão, porém, é também um dom de Deus. Um dom que podemos pedir com insistência, mas que sem a nossa vontade não acontece. Isso porque o próprio Deus respeita a nossa liberdade. Não nos obriga a sermos bons, se não o quisermos. Nesse sentido, a conversão do nosso coração e da nossa vida é, ao mesmo tempo, obra da misericórdia divina e da nossa vontade de mudar.

Alguns tomam decisões radicais de um dia para o outro, de uma vez por todas; porém, para a maioria o caminho da conversão é demorado e feito de pequenos passos. A verdade é que, muitas vezes, a solução radical faz que a conversão se torne efetiva de imediato, como se a pessoa reconhecesse o tempo perdido e tivesse mesmo pressa de mudar. É o famoso "virar a página".

De qualquer forma, o caminho dos pequenos passos é, de fato, o mais acessível para todos. Nesse caso, o certo é não perder a meta de vista, não importa o tempo que se gaste para chegar lá. Pode ser a vida inteira, mas isso nos anima e nos motiva, vale a pena.

Desde muito tempo, os pequenos passos foram chamados de "florinhas". Eram as pequenas renúncias a algo de bom em si, a algo que podia ser feito, mas ao qual se renunciava justamente para aprender a decidir coisas maiores; para educar-nos a ser mais simples, menos exigentes; para treinar a vontade e os desejos. Renuncio hoje a um cigarro com o objetivo de parar de fumar amanhã. Desisto de um gole hoje para parar de beber amanhã. Calo um palavrão hoje para ter educação e paciência amanhã. E assim por adiante.

Tudo isso parece mesmo coisa do passado, coisa de criança, todavia na realidade são os pequenos passos dados que nos levam, devagar, à grande meta de sermos melhores.

Hoje corremos o perigo de satisfazer sempre, e em tudo, os nossos caprichos, as nossas vontades. Parece que a vida tem mais valor se conseguimos satisfazer o que passa em nossa cabeça: comprar tudo o que desejamos ter, mesmo se for inútil; experimentar tudo o que a curiosidade, atiçada pela publicidade, faz-nos cobiçar.

Escolhendo sempre o caminho mais fácil e mais cômodo, acabamos por dizer sempre sim a tudo. O que nos parece atraente aos olhos e desejável ao coração, porém, nem sempre é bom mesmo. Mas, quando o descobrimos, não temos forças para renunciar e corrigir o rumo da nossa vida. Faltam-nos treinamento e discernimento nas escolhas. Parece que somos livres, porque satisfazemos fartamente as nossas ambições. Na realidade podemos ser escravos.

Precisamos retomar a vida em nossas mãos. É hora de conversão. Vamos aproveitar a oportunidade.

# O burro e o cachorrinho

Uma fábula de Esopo conta que um homem tinha um cachorrinho e um burro. Ele costumava brincar com o cachorro. Dava-lhe comida na boca, deixava-se lamber, tomava-o no colo. O burro, que espiava tudo, viu que o homem era feliz quando brincava com o cachorrinho. Ficou com ciúmes e achou que também devia agradar o patrão. Dito e feito. Começou a lamber o rosto do homem e queria sentar-se no colo dele. O homem ficou zangado, bateu nele e o amarrou em uma árvore para que nunca mais se atrevesse a tanta familiaridade.

A moral da história é simples. Cada um de nós só pode ser ele mesmo, querer ser o "outro" não vai dar certo. Lembrei-me dessa fábula refletindo sobre as palavras de Jesus. O Senhor nos alerta a não ter medo dos que podem matar o nosso corpo e assim tirar a nossa vida. Ao contrário, ele nos ensina a ter medo dos que querem e podem matar a nossa alma. Esta, enfim, é a nossa identidade, tão original como cada um de nós o é.

Infelizmente a sociedade nos leva a ser imitadores, mas nem sempre no sentido bom da palavra. Jesus também nos pede para segui-lo, e São Paulo fala mesmo de ser imitadores de Jesus, explicando que devemos ter os mesmos sentimentos dele. O resto é macaquice.

Todas as vezes que deixamos de escolher com a nossa cabeça, de agir conforme a nossa consciência, de assumir as responsabilidades das nossas escolhas, simplesmente por querermos ser como os outros, pensar como os outros, ser até confundidos com os outros, acabamos deixando que roubem ou matem a nossa alma. Pior é que tudo isso acontece de forma tão sutil, que nem percebemos.

Quando vejo crianças caprichando na imitação de cantores, dançarinas, atores e atrizes famosas, pergunto-me: o que será delas quando crescerem? Quando vejo que certas modas desnorteiam a personalidade dos nossos jovens, que trocam a sua cultura e a sua história para usar a roupa, ouvir a música e repetir as palavras de outros, questiono-me sobre a globalização. Será ela o achatamento das pessoas, ou a oportunidade para uma comparação sadia, que ajude a crescer e a amadurecer?

Existe também o perigo contrário, de querer ser diferente a qualquer custo. É o caso dos que não aceitam mais nenhum conselho, acham-se os donos da verdade ou estão convencidos de que o mundo esteja começando com eles. Assim, sem perceber, passam da originalidade e da criatividade, das coisas boas e positivas para a esquisitice que leva ao isolamento.

Também na religião assistimos à tentação do individualismo. Cada um faz a sua própria "fé" conforme os seus gostos, mistura tudo e no final não sabe mais em quem acreditar.

Nem macaquice, nem esquisitice. Precisamos de uma honesta e sincera busca do sentido da vida, de lançar mão da farta experiência humana, do caminho traçado por outros, do exemplo de quem nos precedeu. Nas coisas boas e nos erros também. A história é mestra de vida, sempre nos ensinaram. Entretanto parece que hoje pouco vale a reflexão dos antigos. Gritam mais alto a propaganda e as promoções de todo e qualquer produto e de todo e qualquer pensamento. Não podemos esquecer o passado, mas nem por isso devemos repeti--lo sem crítica e sem critérios. A cada geração cabe o desafio de experimentar algo novo, na esperança de que seja melhor. Não deixemos que matem a nossa originalidade.

Basta um burro que perdeu a cabeça e quis ser cachorrinho. Não deu certo.

# O dedo do mestre

Um provérbio oriental diz: "Quando o mestre indica a lua, os sábios olham para ela, os tolos olham para o dedo". Assim aconteceu com João Batista, o precursor, ao apontar Jesus para os discípulos dele. Sabemos que alguns seguiram o Senhor, outros continuaram como antes. Não adiantou muito o fato de João ter-lhes indicado o Filho de Deus feito homem. Isso não cabia na cabeça e no coração deles. Foi bom para os sábios, que seguiram a indicação do mestre, enxergaram bem e foram longe. Os outros pararam no dedo, olhando o imediato, o pequeno, o relativo.

Tenho a impressão de que sempre será assim. Cada um de nós vai andando na vida, seguindo as indicações dos mestres da hora e do seu tempo. "É por aí", diz um; "É por lá", diz outro. E nós vamos atrás, satisfeitos porque acreditamos estar superatualizados. O importante é andar de acordo com a propaganda, com as multidões, animados pela preguiça de enfrentar uma busca séria e pessoal. Outros, ao contrário, buscam caminhos tão originais, tão sofisticados, que ninguém os entende, só o pequeno grupo dos eleitos, dos iluminados por revelações e segredos misteriosos. Mestres como esses não faltam. Alguns falam mais alto, são poderosos, se sobressaem, juntam multidões. Outros passam quase despercebidos, poucos os seguem. Outros, enfim, são compreendidos e reconhecidos anos e anos depois da morte.

Não é fácil distinguir os verdadeiros mestres, que apontam para a verdade e o bem, dos falsos profetas, que geralmente apontam para si mesmos, direta ou indiretamente.

Hoje, muitos falam bonito, parece que sabem tudo e que conseguem explicar tudo. Conhecem todos os segredos escondidos, até aqueles que ninguém nunca revelou. É só deixar-se guiar pelo dedo deles, não perdê--los de vista. Parecem apontar além. Na realidade o objetivo deles não passa do seu dedo – leia-se: interesse, sucesso, poder, lucro pessoal.

Não é por acaso que os últimos papas repetiram, e repetem, também se com palavras diferentes, que o mundo de hoje precisa mais de testemunhas que de mestres. É mais fácil ser mestres do que testemunhas. Porque o testemunho exige mais do que o ensinamento: exige a própria doação. O mestre-testemunha paga com a própria vida o seu ensinamento. O falso mestre, muitas vezes, é pago para ensinar e lucra com a venda das suas ideias. Não dá para saber se ele mesmo acredita no que ensina, porque não dá para conhecer realmente a sua vida. Ensinamento e vivência andam separados.

A testemunha, não. Pode até não falar nada, ou podem não lhe deixar falar, mas a sua vida, suas atitudes falam por ela. Infelizmente muitos se satisfazem só com as palavras dos sagrados mestres da propaganda. Nunca se preocupam em saber se eles, ao menos um pouco, praticam o que ensinam.

João Batista disse que dava o seu testemunho sobre Jesus. Quem segue um verdadeiro mestre-testemunha também aprende a ser testemunha. Mestre e discípulos olham para a meta, fascinados pelo valor da descoberta e pela beleza do projeto. Seguindo o Único Mestre, também olham longe, trabalham para um Reino maior do que todos os poderes humanos, o grande Reino da santidade e do amor. O Reino de Deus.

Em tempos de muitas palavras vazias, o testemunho da própria vida se tornou indispensável. Cada batizado deveria ser um discípulo, testemunha do Verdadeiro Mestre e apontar para onde estão o Caminho, a Verdade e a Vida.

Se não conseguimos ser pequenos mestres com as palavras, que o sejamos, ao menos e sem deixar dúvidas, com a nossa vida. Seremos testemunhas sinceras e ensinaremos com o nosso bom exemplo. É o mais importante.

# O sinal

Um homem estava com muita pressa. Chegou numa encruzilhada e o sinal estava vermelho. Olhou para a direita, olhou para a esquerda, não havia ninguém... Atravessou com o sinal fechado. Imediatamente o policial apitou e foi ao encontro dele, que havia parado o carro. Mostrando o bloco das multas, ainda de longe, o policial disse: "O senhor não viu que o sinal estava fechado?". "Eu vi o sinal, sim" – respondeu o homem. "O que eu não vi foi o senhor."

É uma piada bem velha, porém nos lembra de que, na maioria das vezes, nós reparamos só no que nos interessa e no que queremos ver. Dificilmente enxergamos aquilo que não nos interessa. Temos olhos, mas não queremos ver. Se nos lembramos das famosas palavras da raposa ao Pequeno Príncipe, no livro de Antoine de Saint-Exupéry – "Só se vê bem com o coração. O essencial é invisível para os olhos" – as coisas se complicam ainda mais. Se não estamos vendo nem o que é bem visível, como enxergaremos o invisível?

Podemos colocar as ideias de forma diferente: como chegaremos a perceber, a experimentar o invisível, se nem sempre conseguimos ver o visível, que está bem claro à nossa frente? Se temos dificuldade de entender o material e que, aparentemente, está ao alcance dos nossos sentidos e da nossa inteligência, como poderemos compreender o essencial da vida, o invisível?

A cura do cego de nascença relatada no Evangelho nos ajuda a encontrar uma resposta. Ao menos se admitirmos que precisamos de luz para enxergar. Na escuridão somos todos praticamente cegos. Só a luz permite que os nossos olhos funcionem, transmitindo imagens ao nosso cérebro. É por isso que Jesus se apresenta como "Luz do mundo". Ele se oferece como luz que nos possibilita enxergar o visível e também o invisível.

O visível é o próprio cego. As pessoas estavam muito interessadas em discutir quem havia pecado, se ele ou os pais dele, para o cego merecer um castigo daquele tamanho. A origem da cegueira era a questão a ser resolvida, não a vida em si do pobre doente. O cego podia continuar a pedir esmola. Entretanto, Jesus se interessa por ele, chama-o a uma vida nova, abre-lhe os olhos. Assim acontece o segundo passo, ainda mais importante: o cego, que agora enxerga, reconhece que aquele que o curou é o Salvador, e faz uma maravilhosa profissão de fé: "Eu creio, Senhor!". E se prostra diante dele.

"A fé" – diz a Carta aos Hebreus 11,1 – "é a certeza daquilo que se espera, a demonstração de realidades que não se veem". A luz que Jesus oferece ao cego não é apenas a luz natural para poder enxergar a si mesmo, aos outros, a natureza e os caminhos da vida. A luz de Jesus abre para ele a visão da fé, isto é, aproxima-o de Deus.

O homem que tem os olhos, a inteligência e o coração iluminados pela fé começa a compreender o invisível, a vê-lo e a amá-lo. Deus não é mais aquele que castiga com a cegueira a quem pecou, mas alguém que está pronto a iluminar com a sua luz divina a quem busca a verdade e o bem. Aos olhos do cego, que agora enxerga, Deus não é mais um juiz rigoroso, exigente, incompreensível e até desumano, mas sim um Pai amoroso, interessado na vida de um pobre excluído, considerado um ser inútil por causa da sua deficiência.

Jesus, no Evangelho, reverte as questões. Os que se achavam puros, sem pecado, estão cegos porque não conseguem reconhecer o Filho do Homem e, por isso, continuam na escuridão, sem a luz da fé. Aquele que era incapaz de ver, supostamente castigado por causa dos pecados e indigno de Deus, agora não só enxerga perfeitamente como fica encantado com a luminosidade de Jesus, a quem pode seguir e amar.

Se usássemos mais a luz da inteligência, com certeza enxergaríamos mais as pessoas, as situações da vida, o certo e o errado, o passageiro e o duradouro. Mas se soubéssemos acolher a luz da fé, poderíamos ver o invisível, o essencial, os sinais do amor de Deus, a ele mesmo.

# O mosteiro das clarissas

*E*m 2008 foi inaugurado em Macapá o Mosteiro de Clausura das Irmãs Clarissas Capuchinhas, que recebeu o nome de Santa Verônica Giuliani, uma santa também clarissa capuchinha. O ineditismo do fato exige, no mínimo, uma explicação, um esclarecimento. Comecemos pela história recente, para chegar à história do passado.

A ideia e o desejo de ter um mosteiro de clausura em Macapá foram de Dom João Risatti, que adquiriu o terreno em 2003. Comprou uma área grande, no meio da natureza, afastada da cidade, com uma lagoa e uma casa para abrigar as irmãs que vieram dar início à obra de construção do mosteiro. Dom João viu a chegada das primeiras quatro religiosas procedentes do Mosteiro de Flores da Cunha, no Rio Grande do Sul, no dia 5 de agosto de 2003, mas não viu o resto, porque faleceu no mês seguinte. Couberam a Dom Carlos Verzeletti, administrador apostólico, a colocação e a bênção da primeira pedra da edificação no dia 20 de dezembro.

Daí para a frente, as próprias irmãs tomaram conta dos trabalhos e da arrecadação dos fundos para a construção do prédio. Hoje, quem olha o Mosteiro só pode pensar num milagre de paciência, de busca e generosidade. Muitos foram os benfeitores: a própria Ordem dos Capuchinhos e outros mosteiros de religiosas.

Depois outras congregações, parentes, dioceses e também moradores e autoridades locais. Em tempo recorde foi possível erguer o prédio. Em 30 de março de 2008, data de sua inauguração, ele já estava muito bem acabado, com todos os serviços necessários para a vida das monjas e pronto para acolher novas vocacionadas em suas vinte celas. Coube a mim, com o povo de Macapá, benzer a construção e impor a clausura. É justamente essa palavra que precisa ser entendida nos seus efeitos e no seu sentido.

"Clausura" vem do latim e significa "fechar". É isso mesmo: da clausura não se pode sair e na clausura não se pode entrar. Quem se fecha lá dentro, livremente, obriga-se a não sair, e quem não tem nada a ver com o mosteiro também não pode entrar lá. Visitas, somente no "locutório", com grade no meio e horário marcado. Nada de conversa à toa e a qualquer hora.

Quem quiser assumir a vida religiosa de uma clarissa capuchinha, isto é, quem quiser fazer parte da comunidade do Mosteiro, tem que aceitar a vida fraterna, com o ritmo e as normas das religiosas. Tudo muito organizado, tudo muito bem experimentado, desde os tempos de Santa Clara. A primeira regra de vida das Irmãs Clarissas é a de Santa Clara de Assis, a jovem que nas primeiras décadas de 1200 quis viver os carismas da pobreza, da simplicidade e da alegria de São Francisco de Assis. Mais tarde, a Ordem Franciscana foi se organizando em vários grupos e, em 1535, a Serva de

Deus Maria Lourença fundou ordem das Irmãs Clarissas Capuchinhas, ligadas ao grupo franciscano dos Capuchinhos iniciado em 1528. Para Santa Clara o desafio foi viver a pobreza, pois naquele tempo as mulheres não podiam sair do convento para pedir ajuda como faziam os frades franciscanos. Nesse sentido, os mosteiros precisavam ter bens para sustentar as religiosas. Parecia impossível viver de forma diferente. Santa Clara não abriu mão da pobreza e conseguiu que as irmãs vivessem na clausura, sem posses, dependendo mesmo, em tudo, da ajuda dos outros.

O tempo passou, muitas outras formas de vida religiosa e consagrada surgiram ao longo dos séculos, principalmente as congregações religiosas que chamamos de vida ativa, dedicadas aos doentes, às crianças, à educação da juventude, aos migrantes, às missões. Porém nunca deixaram de existir irmãs de clausura.

Sempre fechadas, elas nos desafiam e nos ajudam a entender: quem está mais preso? Elas, atrás das portas do mosteiro, ou nós, mergulhados nos afazeres e nas preocupações do mundo? Quem vive com o coração mais livre? Elas, rezando e trabalhando na alegria da vida fraterna, ou nós, agarrados aos bens, incapazes de nos libertar das coisas, numa vida feita de correria e de horários marcados para tudo?

As irmãs se trancam para nos ajudar a viver no mundo, cada um conforme as suas capacidades, mas sem ser escravos do mundo, buscando a liberdade e o amor verdadeiro na família, no trabalho, na sociedade, servidores uns dos outros e não dominadores. Podemos não entender tudo, todavia devemos agradecer às Irmãs do mosteiro. Podemos não ter condições de medir os frutos da oração e do sacrifício das religiosas, no entanto temos certeza de que serão maravilhosos para todos nós. O primeiro será cada um de nós viver bem a sua vocação. Livres, elas na clausura, para viver o amor; livres, nós aqui fora, para fazer o bem, sem nunca nos perder de vista. Seguindo, de verdade, o único Senhor Jesus Cristo.

# O vento e o sol

Tomo emprestada uma antiga fábula de Esopo, que narra a disputa entre o vento e o sol para decidir quem era o mais forte. Apostaram entre eles quem seria capaz de tirar o casaco de um homem que estava passando. O vento soprou com todas as suas forças, mas o homem, atacado pelo frio, não somente segurou mais firme o seu casaco, como acabou vestindo outro por cima. O vento desistiu e foi a vez do sol, que começou bem mansinho, e o homem despiu o segundo casaco; foi só esquentar mais um pouco que aquele pobre coitado começou a suar e tirou também o primeiro casaco. A moral da fábula de Esopo diz que é mais fácil conseguir o que se quer com a persuasão do que com a violência. Grande sábio o nosso amigo grego.

O vento e o calor, representados pelo fogo, são também dois símbolos bíblicos do Espírito Santo. Jesus fala a Nicodemos sobre o vento que sopra com total liberdade, e ninguém sabe de onde vem e para onde vai. As línguas de fogo sobre os Apóstolos aparecem, sobretudo, na página de Pentecostes. Mas aqui não há disputa. O vento e o fogo do Espírito Santo querem ajudar cada cristão a assumir, com liberdade e entusiasmo, o compromisso da própria fé.

A liberdade deve ser defendida e protegida. Se agirmos superficialmente, não refletimos e nos deixamos levar pelas aparências. Podemos acabar amarrados a escolhas erradas, aprisionados por vícios, preconceitos, indecisões, comodismo e indiferença. Nesse caso, precisamos que o vento do Espírito Santo nos ajude e nos proteja. Ele é o Defensor. Deve soprar para longe as tentações para que não percamos a alegria de sermos cristãos, a perseverança nas nossas decisões e a seriedade nos compromissos assumidos.

Ao contrário, quando penso no fogo e no seu calor entendo que certas atitudes devem ser jogadas fora sem titubear. Por exemplo: o desânimo, o medo, a insegurança, a dúvida. A coragem e a covardia não andam juntas. A ousadia e a tibieza também não. Como sempre, devemos nos libertar de certas situações que nos aprisionam e enveredar, decididamente, por novos caminhos. Podemos chamar tudo isso de conversão, mas também de maior consciência das nossas possibilidades e da missão extraordinária que o próprio Jesus nos entregou.

Pentecostes é o grande dia da coragem, de escancarar portas e janelas, de sair. É a hora de falar, de anunciar e denunciar, hora de acreditar que Jesus deixou uma mensagem maravilhosa para todas as pessoas de todos os tempos. A mensagem de Jesus é um novo programa de vida na busca do diálogo, do entendimento e da unidade. Para dialogar precisamos explicar as nossas convicções, entretanto precisamos saber escutar muito e com atenção. Para entendermos o outro, é necessário que nos coloquemos no lugar dele, para enxergarmos a situação do seu ponto de vista. Querer entender o outro sem sairmos da nossa acomodação, da nossa condição ou do nosso privilégio é muita presunção e não vai mudar absolutamente nada, nem nós, nem o outro. Por fim, a unidade só pode ser o resultado do diálogo e do entendimento. Porém é ainda o resultado da honestidade com os outros, sem enganos. É a consequência de um grande respeito mútuo; fruto da confiança e da paciência.

Talvez seja uma disputa mesmo, entre quem quer dividir a humanidade e quem sonha com a fraternidade e a paz universais. É questão de segurar o bem e despir o mal. O vento e o fogo do Espírito Santo querem nos ajudar nessa missão, sem diferentes línguas a nos separar.

# São José servidor da vida

Não é muito difícil imaginar o homem justo de Nazaré trabalhando para cuidar da subsistência, da saúde e do bem-estar da sua pequena família: Maria e o menino Jesus. Qual é mesmo a obrigação de um bom pai? Não deixar faltar nada à sua esposa e aos seus filhos. É o mínimo que um homem responsável deve fazer, custe o que custar. Servir a vida é isso. Felizes os pais que podem orgulhar-se de não deixar faltar nada em casa. Mas, sem dúvida, há muitos pais que sofrem abertamente, ou às escondidas, no profundo do seu coração, por não ter algo de melhor a oferecer às suas famílias.

Penso nos pais desempregados, nos doentes, nos endividados, nos presos, nos ameaçados, em todos aqueles que perderam a esperança e deixaram de lutar. Homens entristecidos pela falta de oportunidades ou por ter jogado fora as poucas chances que a vida lhes deu.

Ainda hoje se cobra muito dos pais. No tempo de São José não tinha conta de energia ou de telefone para pagar. Televisão, aparelho de som, computador, nem pensar. Também não sei se, naquela época, vendiam objetos a prestações, e se o pobre carpinteiro comprava fiado na cantina da aldeia para pagar quando tivesse condição; talvez em troca de uma mesa, de cadeiras ou de banquinhos. Provavelmente arranjar comida era a maior e a pior das preocupações de um pai de família. O menino Jesus deve ter visto muitas pessoas passarem fome. Pode ser até que tenha ele mesmo experimentado a falta do necessário.

Mas podemos estar equivocados sobre isso. Sempre pensamos que o necessário para a vida seja algo de bem material. Temos dificuldade de pensar a existência do dia a dia sem telenovelas, filmes e músicas, sem nada para comprar. Imaginamos que, quando tudo isso não existia, não muitos anos atrás, devia ser um tédio terrível. O que as pessoas faziam ao entardecer, por exemplo? Basta perguntar aos nossos avós, para saber a resposta. Porém tomo como exemplo o que ficou marcado na minha memória.

Quando estive em Minas Gerais para o 11º Intereclesial das CEBs, levaram-nos para visitar uma penitenciária modelo. Havia 300 homens em celas individuais e quase todos trabalhando. Era a chamada "terapia ocupacional". No entanto, o que me surpreendeu foi quando nos disseram que os filhos, crianças e adolescentes – meninos – que visitavam os pais presos, podiam passar o fim de semana com eles. De acordo com a Direção, essa permanência era permitida. O que a vida do presídio podia interessar a uma criança? Não devia ser assustadora uma penitenciária para um adolescente?

Poderíamos responder: é uma forma de o jovem entender que não é bom ficar preso e que ele precisava

*74*

tomar cuidado para não cair ali dentro. O mesmo, talvez, o próprio pai repetisse ao filho, implorando que ele fosse obediente, que estudasse, que não ficasse à toa. Mas pode ser que a visita servisse, também, para os filhos conhecerem melhor os seus pais e descobrir que, apesar dos erros cometidos na vida, ainda sabiam acolher, divertir e brincar.

Nada mais humano e simples que um pai contando histórias e casos para o seu filho, encantando a criança, para que saísse de lá orgulhosa do seu pai, capaz de amá-lo. Não pelo dinheiro que, aliás não tinha, nem pelas promessas, porém simplesmente por ele existir e dormir ao seu lado em uma cela fria e anônima; sem medo e sem sustos. Porque é bom ter alguém ao nosso lado que nos ama, defende-nos e caminha conosco. Alguém com muitos defeitos, mas de carne e osso. Não uma máquina ou um aparelho eletrônico.

Dizendo com outras palavras, José ensinou a Jesus, com certeza, a ser coerente com a verdade, com o bem e com a própria consciência. Livre por amor! Pronto a morrer pelos outros. Servidor da vida, da verdadeira vida. Aquela que se ganha quando se perde. Aquela que somente se ganha doando-a. Isso Jesus aprendeu muito bem com José e com o seu Pai, o bom Deus.

# Santos, riqueza de todos

*F*alar sobre a morte é sempre difícil. Preferimos deixar para outra hora, mas a escolha da data não depende de nós. Quando menos esperamos, a doença, o pavor da morte e o próprio fim desta vida nos alcançam. Ficamos acuados, a sós com a realidade pessoal, ou de alguém que amamos e que está muito perto de nós. Então não dá mais para evitar o assunto. Para quem vive deprimido, pensar na morte é perigoso, mas para quem vive correndo, atarefado, sem parar, é uma reflexão salutar.

Talvez nos ocupemos tanto para não ter que pensar. Ou acreditamos que, não pensando na morte, ela passará sempre longe de nós. Ilusão! O certo é nos prepararmos vivendo esta vida da melhor maneira possível, justamente como um presente que recebemos, um compromisso, um caminho a percorrer. Precisamos dar sentido à nossa existência, tomar nas mãos o que podemos dos nossos dias e usá-los bem.

Alguns entendem que isso significa aproveitar todas as chances que a vida oferece para se divertir, enriquecer, aparecer: a vida deve ser curtida. Outros escolhem um projeto, um ideal pessoal e se esforçam para alcançá-lo: ficam satisfeitos com isso. Outros, enfim, conseguem olhar além desta vida, além da matéria e da morte, e gastam a própria vida em nome de uma fé: decidem usar as suas capacidades para fazer o bem. Não quer dizer que tenham uma vida fácil e divertida. Pelo contrário, pode ser que sofram mais por causa do bem e da justiça que buscam, mas não significa que sejam infelizes. Apenas na escolha, entre os tesouros a serem acumulados neste mundo e os tesouros do céu, preferiram os de cima, confiando mais em Deus do que nas promessas e nos sucessos humanos.

É por isso que os santos e as santas não são patrimônios só dos devotos, dos que fazem promessas e dos peregrinos. São riqueza para toda a humanidade. E não falo somente dos santos e santas famosos, aos quais os fiéis endereçam as suas orações e que são exemplos de virtude para todos. Falo de muitos santos e santas com quem convivemos todos os dias e que fazem este mundo melhor, verdadeiros tesouros para quem os encontram. São os humildes, os simples, os mansos e os puros de coração. São os que choram pelos que têm fome e sede de justiça e os que são perseguidos por causa do Reino de Deus. Eles estão em todo lugar, aguentam calados, até esquecidos e desprezados. Podem estar na sua casa, no olhar de uma criança que pede carinho, ou na paciência de um doente ou de um idoso. Pode ser o seu marido, a sua esposa, o seu filho, que reza no silêncio do seu quarto. Podem ser a sua mãe e o seu pai, que se cansaram de implorar para que mude de vida e se calaram, mas nunca vão desistir de amar você. Pode ser o colega de trabalho, que nos faz um favor e a quem todos chamam de tonto, porque nunca se recusa a ajudar. Essa santidade não depende da beleza, da idade, da roupa. Depende do coração de quem ama sem interesse, só pela alegria de fazer o outro sorrir.

Quem serão os santos e as santas que caminham ao nosso lado? Nem sempre prestamos atenção suficiente na generosidade dos outros. Não enxergamos mais o brilho da bondade.

Nós também podemos ser "santos" para aqueles que encontramos todos os dias e todas as horas. O tesouro do bem ficaria cada vez maior e mais precioso e, com certeza, teríamos, todos, menos medo de morrer, porque teríamos amado de verdade.

# Semicristãos

Ultimamente ando reparando como o uso das palavras muda. Até algum tempo atrás, a loja que vendia carros com uns bons quilômetros rodados apresentava-os como "usados". Hoje lemos em letras gigantescas: "seminovos". Os carros continuam velhos, mas a impressão é diferente. Só pesquisando muito, talvez, conseguiríamos saber se eles estão mais perto dos novos ou dos usados. O mesmo acontece com a bijuteria. Hoje se chama de semijoia. Quer dizer que não são joias verdadeiras, mas também não querem que as classifiquemos como mera bugiganga de enfeite pessoal. Conclusão: não existem mais carros velhos, ninguém usa mais bijuteria, tudo deve parecer "zero quilômetro" ou brilhar como uma verdadeira pérola preciosa. Também já vi na televisão que político educado não ousa dizer que o seu colega falou uma mentira, simplesmente o que disse foi uma "inverdade". Desse jeito não existem mais mentiras. Tudo fica bonito, com ares verdadeiros.

Enfim, é tudo uma beleza ou uma grande ilusão. Se não posso ter o carro novo, terei um seminovo. Se não possuo uma joia, terei uma semijoia. Se escondo a verdade, não minto, simplesmente digo uma inverdade. E assim por adiante. O que vale são as aparências, o resultado.

Por que devemos nos disfarçar, nos esconder? Temos vergonha de ser o que somos. Estamos tornando-nos mestres das meias verdades e das meias decisões. Só que o jogo das palavras pode nos trazer grandes enganos na vida. As palavras acabam escondendo a verdade.

Jesus foi mais radical. Foi mais corajoso e decidido. Deixou dito aos seus que não podiam servir a dois senhores, acabariam amando um e odiando o outro. Pior ainda se este outro é o dinheiro. Falou claro: "Vós não podeis servir a Deus e ao dinheiro" (Mt 6,24).

Nós gostaríamos muito de poder ficar com os pés nas duas canoas. Mesmo tentando ser mestres do equilíbrio, temos que escolher: de um lado ou de outro. Porque, do contrário, apenas sobrevivemos, mas não mudamos nada porque nunca decidimos e nunca nos libertamos. Querendo ficar com tudo, acabamos ficando com nada. O pior é que Deus está sendo deixado cada vez mais para trás. Se é para servir a um só Senhor, que seja o nosso sucesso, que seja a nossa vontade, que seja o nosso lucro. Está nos acontecendo com o dinheiro o que acontece ao beberrão: ele sempre diz que para de beber quando quiser, mas nunca para, nunca decide. Não admite, mas já está viciado.

Para nos libertar de verdade e sair da escravidão da cobiça, Jesus nos convida a olhar a natureza, os pássaros do céu e os lírios dos campos, que não plantam, nem fiam e vivem da alegria de voar e de ser bonitos, vivem pela simplicidade e não pelo acúmulo. Satisfazem as suas necessidades e não se deixam dominar pelos desejos insaciáveis. É Deus Pai que alimenta os pássaros e veste de cores a erva do campo, de vida tão curta.

O nosso trabalho deveria ser para nos satisfazer as necessidades, para nos permitir viver em paz e não para acumularmos sem limites. Certos desperdícios, como certas riquezas esbanjadas, só para aparecermos, são uma verdadeira ofensa aos pobres que mal sobrevivem. Manifestam que ainda somos obedientes servidores do dinheiro e não do único e verdadeiro Senhor. Que vivemos preocupados com o nosso bem-estar. O que vamos comer? O que vamos beber? O que vamos vestir?

Somos semicristãos. Cada um veja se está mais perto de ser um cristão verdadeiro, decidido e sincero, ou se ainda está muito longe. Se não dá para ser um cristão seminovo, sejamos, ao menos, cristãos semivelhos, com vontade de mudar e de nos libertar, preocupados com a fraternidade e a paz, nossa e dos outros.

# O presépio do sacristão

Na primeira paróquia em que atuei, onde aprendi a ser padre junto a um pároco mais experiente, havia um sacristão profissional. Era uma pessoa muito boa, grande trabalhador. A façanha dele era preparar o presépio. Todo ano, dois ou três meses antes do Natal, um canto da igreja era ocultado com panos escuros e lá atrás o sacristão e alguns poucos adeptos preparavam a grande surpresa. Somente na noite de Natal os panos eram retirados e aparecia o "novo" presépio. Digo novo porque todo ano algo mudava. O lugar da gruta, do palácio de Herodes, do riacho e da cachoeira. Alguns espelhos também davam a impressão da profundidade. Nunca faltava a neve.

O presépio era bonito, perfeito; um grande trabalho que agradava ao povo e, vez por outra, ganhava algum concurso. Nada para reclamar. Para mim, porém, faltava atualizar o Natal. Os recursos eletrônicos para regular a intensidade das luzes ou a bombinha para a cachoeira não mudavam nada. A minha impressão era de que aquilo tudo tivesse parado no tempo.

Fiz algumas propostas, mas em vão. O sacristão não abria mão do presépio tradicional. Eu também não queria desistir de encontrar uma forma para responder à simples pergunta: e se Jesus nascesse hoje, onde escolheria nascer? Apesar das reclamações do sacristão, eu e o grupo dos jovens começamos a preparar, ao lado do presépio tradicional, outro presépio com os personagens e as situações que mais tinham dado o que falar naquele ano. Os paroquianos ficavam divididos: alguns achavam uma falta de respeito colocar faixas, fotos ou manchetes de jornais no presépio. Outros, porém, consideravam interessante ter algo de mais atual junto de Maria, José, os pastores e os magos.

Foi assim que no ano que tinha acontecido um terremoto, colocamos uma família debaixo de uma lona, numa barraca improvisada. Outro ano tinha assaltantes de isopor que denunciavam a situação de violência. Outra vez eram as guerras no mundo que chamavam a atenção. Se o sacristão era criativo, a turma jovem também não brincava, até televisão com propaganda de consumo colocamos no presépio. O menino Jesus ficava tranquilo no seu bercinho, do lado do presépio do sacristão, mas ali por perto passava a história da humanidade: Jesus não nascia mais somente dois mil anos atrás, continuava a nascer no meio da nossa vida.

Ainda hoje gosto de colocar as mesmas perguntas: onde nasceria hoje o menino Deus? De qual hospedaria seriam excluídos Maria e José? A quem os anjos anunciariam a boa notícia, no meio da noite?

Claro que o Natal de Jesus foi e sempre será um só. É por isso que gostamos tanto dos presépios que nos ajudam a imaginar a pobreza, a simplicidade e o anonimato daquele nascimento. A lição de humildade do Filho de Deus que estava nascendo só se entende se nos lembramos da vergonha da cruz. Nada de holofotes, nada de pisca-pisca, nada de teatro. A mais absoluta igualdade com os pequenos e sofredores daquele tempo. Às margens do Império, fugindo dos poderosos. Um Deus assustadoramente humano, com as limitações e as necessidades de quem luta para sobreviver. Somente um Deus-Amor podia entrar desta forma na vida do povo, tão próximo, tão fraterno, tão nada.

Pode ser que a minha proposta seja inútil, mas algo que nos recoloque com os pés no chão do nosso dia a dia não ficaria mal nos nossos presépios. Um menino Jesus fofinho, de olhos azuis, mexe pouco com a nossa vida. Toca nos sentimentos, mas vai embora com o apagar das luzes. Para que não fique tão longe de nós, cada um pense onde acha que nasceria o menino pobre hoje: talvez mais perto do que se imagina – numa favela, numa ponte dos alagados, talvez na beira do rio São Francisco. Ele ainda vai nos fazer uma surpresa. Somente os simples e os que o buscam de coração sincero o encontrarão e o reconhecerão, seja onde for.

# O rei e o bufão

Sempre gostei da alegoria das duas casas. Dá até para imaginar: uma bem firme, alicerçada sobre a rocha, aguentando a tempestade; a outra ruindo estrondosamente, porque construída sobre a areia. Burrice de quem a construiu. Todos sabiam que podiam vir as ventanias e as chuvas fortes. Quem não pensou antes, quem não se preocupou de conferir o terreno, verá cair a sua casa.

Então o que distingue mesmo a rocha da areia? O sábio e o tolo ouviram a mesma Palavra. Só que o primeiro a colocou em prática, o segundo, não. O que diferencia os dois não é, portanto, o ter ouvido ou não a Palavra de Deus: os dois a escutaram e ambos tiveram a mesma chance de praticá-la. Somente um, porém, procurou transformá-la em vida.

Digo isto porque já encontrei pessoas se vangloriando de terem lido a Bíblia inteira. A leitura, por si só, não resolve. A Bíblia não é, em princípio, um livro de cabeceira, para conciliar o sono ou acalmar a nossa alma. Para quem quiser, hoje existem muitos livros de autoajuda, cheios de conselhos, dicas, historinhas, anedotas, mensagens de anjos, que prometem resolver o mais rápido possível todos os nossos problemas, para dormirmos sossegados.

A Palavra de Deus é para ser praticada, simplesmente pelo fato de que foi vida vivida pelo povo. E continua sendo vida para quem quiser ser o novo povo de Deus, para quem está decidido a acreditar e a confiar nela. Sem mais nem menos. Acreditamos que, como o Espírito Santo ajudou a refletir e a escrever, também ajuda a entender. Jesus prometeu que o Espírito ia nos conduzir no pleno conhecimento da verdade. A Palavra nos deve incomodar, não nos sossegar.

É por isso que, em geral, grandes santos e santas escolheram poucas palavras para motivar e orientar a própria vida. Às vezes, uma frase só, como a "Buscai primeiro o Reino de Deus", que está esculpido na entrada de uma das primeiras casas dos religiosos de São João Calábria. A questão era, é e sempre será viver aquelas palavras com todo o coração e com toda a dedicação. Com isso não quero dizer que não devemos ler e conhecer melhor a Bíblia. De jeito nenhum. Precisamos estudá-la mais, meditá-la mais. Mas não adianta sermos doutores nas ciências bíblicas e viver de maneira contrária à mensagem lá escrita. Nós não lemos nem estudamos a Bíblia por curiosidade científica. Queremos deixar que aquelas Palavras ecoem continuamente na nossa vida, sejam luz para o nosso caminhar, sejam mesmo a rocha firme sobre a qual queremos construir a nossa existência.

Certa vez, um rei estava para morrer. Dentre tantos cortesãos, escolheu como seu confidente o palhaço da corte, o bufão, que a vida toda o tinha alegrado com as suas piadas e caretas, a quem considerava, por isso, meio tolo. Chamou-o ao lado da cama e começou a lembrar-se das coisas que ele, o rei, havia feito durante a vida. Grandes obras, grandes guerras, grandes vitórias, grandes tesouros conquistados. Continuamente dizia ao bufão que ele, ao contrário, somente sabia contar piadas, já meio velhas, por sinal. O pobre palhaço, de bom coração, aguentou muitos desaforos. Porém, não soube ficar calado e perguntou ao rei se sabia que estava para morrer. Quis saber se o grande rei e senhor tinha preparado alguma mala para a grande viagem. O rei, a essa altura, ficou calado. Tinha falado de tantas coisas, mas naquela hora só estavam ali os dois, sozinhos, sem barulho de armas, sem os aplausos do povo, sem a pompa das cerimônias, sem os livros de contabilidade. O rei teve que admitir que nunca havia pensado naquele dia. Que havia passado a sua vida atrás de tantas coisas que agora percebia não serviam de nada para a inusitada viagem que ia começar. O que podia carregar? O bufão não se conteve e disse ao rei: "Eu fui palhaço na sua corte e o senhor sempre riu de mim, zombava das minhas trapalhadas. Mas agora, perdoe-me, sou eu que vou achar graça do senhor. Está partindo para a maior viagem da sua vida e não se preparou. Não sabe para onde vai e não sabe o porquê. É a melhor piada que jamais ouvi". E o palhaço desatou a rir.

# "Se vês a caridade, vês a Trindade"

Fiquei muito interessado nas palavras acima, de autoria de Santo Agostinho, pela aproximação que ele faz entre a caridade e a Santíssima Trindade: uma síntese maravilhosa da fé e da vida cristãs.

Com efeito, sobre a Santíssima Trindade não temos dúvidas em afirmar: o que faz a unidade na diversidade das Três Pessoas é o amor perfeito que as une. Isso nós conseguimos perceber mais por intuição do que por raciocínio. O amor verdadeiro e perfeito só pode unir plenamente os que se amam, mas, por sua vez, a unidade perfeita deve ter alguma distinção entre os que se amam, para que possa haver troca de amor entre os que formam a perfeita comunhão. Para entender: um solitário, mesmo se fosse perfeito, só poderia amar a si mesmo, e, assim sendo, não haveria mais amor-doação nem amor-encontro.

Vale também para o amor humano. Esse amor nos pede que nos amemos uns aos outros. Somente assim podemos amar e ser amados. O segredo do amor está nesse intercâmbio de doação entre as pessoas. Esse é o ponto em que percebo a grandeza da afirmação de Santo Agostinho.

"Se vês a caridade, vês a Trindade" significa que algo da realidade divina trinitária está presente na caridade. Se, a princípio e de imediato, a Trindade é invisível para nós, pobres mortais, a caridade está ao nosso alcance. E vendo, contemplando gestos e momentos de amor, podemos dizer que estamos experimentando nada menos do que o mistério da Santíssima Trindade. O Amor infinito, contido num pequeno gesto de gratuidade, de perdão, de solidariedade, de paz.

Nós acreditamos que somente o amor poderá transformar o mundo, salvar a humanidade, a sua história e o seu planeta. Sabemos que o Deus-Trindade está totalmente comprometido com essa obra de amor. Por isso, cada ato de amor-caridade contribui com esse projeto divino e humano ao mesmo tempo.

Para Santo Agostinho, a caridade deve ser visível para poder ver a Trindade. Isso não estaria em contradição com o ensinamento de Jesus, que diz para não tocar a trombeta quando damos a esmola, ou que a nossa direita não deve saber o que faz a nossa esquerda? Nesse caso Jesus falava da recompensa. Quem fizer o bem para conseguir o louvor dos outros não vai mais receber o prêmio por parte do Senhor, porque "já recebeu a sua recompensa".

A caridade que se vê não é aquela propalada, que aparece e acaba em si mesma, mas justamente aquela escondida, que se reconhece pelos frutos, pela transformação da vida, da realidade. Aquela caridade que se vê pela felicidade de quem se sente amado!

Isso acontece, também, quando seguimos um bom exemplo. Quando encontramos pessoas verdadeiramente boas, que amam de verdade. Elas quase nos obrigam a sermos melhores, porque fazem envergonharmo-nos da nossa falsidade, do nosso egoísmo, da nossa mesquinhez.

Essa é a caridade, invisível, mas radicalmente transformadora, como a Trindade, o Amor perfeito, que é visível somente aos olhos do coração. Para quem não sabe amar, ela continua invisível e mais incompreensível do que nunca.

# Os dois burrinhos

*D*ois burrinhos de carga caminhavam juntos. Um levava ouro; o outro, simples farinha para a tropa. Inutilmente, o segundo burrinho tentava puxar conversa com o primeiro. Este o olhava de cima para baixo, com desprezo. O que queria aquele burro miserável, carregado de farinha, dele que havia sido escolhido para levar o ouro? Mas aconteceu que os ladrões caíram em cima daquela tropa e logo procuraram o que tinha mais valor. Com um chute, mandaram embora o burrinho que carregava a farinha e quase mataram de pancadas o burrinho do ouro, porque o coitado não queria entregar a carga.

Quando os ladrões se foram, o burrinho quase morto pediu socorro ao outro colega, ainda em pé e carregado de farinha. Este último, nessa altura, se desculpou de não poder ajudar em nada, porque, afinal, ele era um simples carregador de farinha, absolutamente indigno de se aproximar de um burro tão importante escolhido para levar o ouro. Assim – conclui a historinha – acontece a quem se esquece de que, apesar da carga ou do cargo, continua sendo um burro como todos os outros.

Não conheço o autor dessa história, nem lembro onde a encontrei, mas é tão simples e clara que o povo gosta de ouvi-la e de contá-la. É mais uma lição de humildade, uma virtude tão preciosa quanto o bom senso e a inteligência.

Jesus falou muitas vezes da humildade; convidou-nos a escolher os últimos lugares, mais conscientes das nossas limitações que inchados pelo nosso orgulho. Mas o mundo anda, mais do que nunca, cheio de arrogantes e fanfarrões. Ao ouvi-los, parece que existem somente eles, os insubstituíveis salvadores da pátria. Os que sabem tudo, ajeitam tudo e, obviamente, criticam todos os outros.

O bom senso nos diz que se aceitamos os últimos lugares poderemos ficar por aí mesmo ou subir, convidados a maiores tarefas ou responsabilidades. Pelo contrário, quem se achou o tal, ocupando logo os primeiros lugares, corre grande risco de ficar para trás, descendo os degraus da vida. A inteligência também nos convida à prudência, a reconhecer o valor dos outros, porque sempre poderá aparecer alguém melhor e mais importante do que nós.

Fico pensativo quando vejo ex-cantores, ex-campeões, ex-tudo mendigar um pouco de luz, já que a estrela deles parece que se apagou. Não sabiam que o sucesso era passageiro, que a moda ia passar e que há muitas outras coisas valiosas na vida, mais do que a fama e a glória dos homens?

Mas os orgulhosos se acham injustiçados, desmerecedores do esquecimento. Não se conformam com a queda, parece mesmo que viveram só para aquele lugar, acima dos demais, e que é insuportável sentar mais embaixo. Ao contrário, quem sempre esteve à sombra continuará tranquilo e satisfeito no seu canto. Se for convidado a subir, mesmo que por pouco tempo, saberá depois voltar a gostar, como antes, das coisas mais simples e verdadeiras da vida, com menos bajuladores e aproveitadores ao seu redor.

Deveríamos já ter aprendido a lição, mas, infelizmente, sempre haverá quem acha que a humildade é a virtude dos fracos e dos incapazes, ao passo que o orgulho e a arrogância seriam as qualidades dos corajosos e dos ousados. É mesmo... cada um de nós é burro do seu jeito.

# Verdade, bondade, utilidade

Sempre gostei da historinha de Sócrates, o antigo filósofo grego, do seu amigo e das três peneiras. Esse amigo se aproxima de Sócrates com vontade de contar-lhe algumas conversas que ouvira sobre outros amigos. O filósofo aceita ouvir, com a condição de que, antes, o amigo passe a "notícia" através de três peneiras.

Assim sendo, Sócrates pergunta ao amigo se o que vai lhe contar é verdadeiro – esta seria a primeira peneira: a da *verdade*. O amigo responde que na realidade não tem certeza se o que está para contar seja verdade mesmo:

– Sabe, é conversa de rua; não dá para confiar – responde o amigo.

– Tudo bem – continua o filósofo. – Vamos ver se a notícia passa pela segunda peneira: a da *bondade*. Tem certeza de que o que vai me contar é bom?

– De jeito nenhum – responde o amigo, cada vez mais confuso. – Não é coisa boa, não.

– Hum! – diz o filósofo. – Mas, ao menos, o que vai me contar pode ser útil para alguma coisa? Deve passar pela terceira peneira: a da *utilidade*.

– Não exatamente – responde o amigo. – O que queria contar-lhe não serve mesmo para nada.

– Então, amigo, se o que quer me contar não é verdadeiro, nem bom e menos ainda útil, sinceramente prefiro não saber, e aconselho a você que esqueça – diz Sócrates.

Penso nesse diálogo, entre o filósofo e o amigo, quando me pego falando dos outros. É talvez o esporte mais popular falar da vida alheia. Ocupa o tempo e nos dá a impressão de estarmos bem informados. Na realidade, poucas vezes essas conversas passariam pelas três peneiras. Tento também me lembrar disso quando começo a ler um jornal, uma revista ou um livro. Já estou preparado: de uma revista de moda não posso exigir rigor científico; de um romance, também não posso pedir verdade histórica, comprovada com documentos, pois não seria mais uma história, às vezes muito bonita e tocante, mas criada pelo autor, uma ficção; também de certas colunas sociais não posso exigir muita utilidade.

Se confundo uma história fantástica com a realidade, acabo vivendo num mundo de ilusões. Se dou muito valor ao namorico da última estrela da mídia, corro o perigo de invejar a sorte dela ou até sofrer por ela, quando, na realidade, no próximo número da revista tudo será desmentido pelos interessados. Eu me deixei levar pelo escândalo, pela notícia bombástica, pela manchete. Isso acontece quando esquecemos as três peneiras do filósofo. Claro que posso também querer conhecer algo de falso, de ruim e de inútil. Mas, ao menos, estou consciente disso. Fico vigiando para não ser enganado.

E se o livro é a Bíblia? E se quem fala é o Papa? Vamos peneirar também? Quem se esforça de afirmar e defender a verdade custe o que custar, quem defende o bem e convida os outros a praticá-lo, como o meio mais útil e necessário para a renovação da vida e da sociedade, não tem medo de nenhuma peneira. Muito pelo contrário, agradece se alguém, honestamente, contribui para desfazer mal-entendidos e reafirmar a verdade, para que o bem e o amor possam aparecer com mais brilho ainda. Fico triste quando, às vezes, se quer passar por mentira o que é verdade evidente; por opinião pessoal, exortações que obrigariam todos a mudar um pouco, ou muito, em sua vida; por algo sem interesse, propostas autenticamente revolucionárias.

Só um exemplo. No n. 90 da *Exortação Apostólica Pós-sinodal Sacramento da Caridade*, o Papa Bento XVI diz: "De fato, com base em dados estatísticos disponíveis, pode-se afirmar que bastaria menos da metade das somas imensas globalmente destinadas a armamentos para tirar, de forma estável, da indigência o exército ilimitado dos pobres". Uma afirmação como essa passaria pelas três peneiras do filósofo? De quebra, talvez, teríamos também a paz mundial. Com certeza haveria mais esperança e alegria para todos.

# A calça do seu Joaquim

O seu Joaquim era funcionário de um banco. Certa noite, saindo do trabalho, percebeu que sua calça tinha um buraco. Com medo de não ter uma calça adequada, no dia seguinte, resolveu entrar numa loja e comprar uma calça nova. Como sempre, a calça estava bastante comprida, por ser ele de baixa estatura. Sobravam sete centímetros. A balconista perguntou se queria que mandasse a roupa para uma costureira ajeitar no tamanho certo. Para isso, porém, deveria esperar até o dia seguinte, porque a loja estava fechando. Seu Joaquim respondeu que tinha três mulheres em casa e que, com certeza, ao menos uma delas podia ajeitar a calça.

O homem chegou animado em casa e foi direto mostrar a calça nova para a esposa, dizendo-lhe que era preciso diminuí-la uns sete centímetros. Por azar, a mulher estava passando roupa e respondeu que estava muito cansada, não tinha certeza de ter tempo e vontade para ajeitar a calça do marido. Seu Joaquim não desanimou, foi atrás da sogra, que também morava com eles. Gentilmente perguntou a ela se podia encurtar em sete centímetros a calça nova. A sogra estava assistindo à telenovela e respondeu com mau humor que deixasse a calça sobre o sofá, mas não garantia se ia costurá-la ou não naquela noite. Enfim, seu Joaquim foi atrás da filha, pedindo o mesmo favor. Esta respondeu não ter tempo porque no dia seguinte tinha uma prova na universidade.

Seu Joaquim, meio triste, foi dormir sem saber o que podia acontecer com a sua calça nova. Mais tarde, a mulher dele percebeu que tinha sido grossa com o marido. Pegou a calça nova e fez a barra, diminuindo sete centímetros das pernas. A sogra, quando desligou a televisão, decidiu que afinal o genro não era tão mau e que precisava ser ajudado. Também encurtou a calça. Por fim, a filha, arrependida, achou por bem fazer uma boa ação e ajustar a bendita calça do pai. Podemos imaginar o resultado de tanto serviço: no dia seguinte seu Joaquim foi trabalhar com a calça velha.

As três mulheres pensaram em ajudar, mas o resultado foi um desastre. O bem deve ser benfeito, de outra forma pode não ser tão bom como desejávamos.

Vale a pena refletir sempre sobre o mandamento de Jesus: "Amai-vos uns aos outros". Não é um amor qualquer, não é uma simples boa ação, é muito mais: é um estilo de vida, o seguimento de um exemplo e o testemunho de que somos discípulos do verdadeiro Mestre.

É por isso que Jesus continua dizendo que a maneira certa de amar é a mesma com a qual ele nos amou. Total, radical, sem reservas. Quando limitamos o amor, nós o matamos antes de nascer. Quando, por exemplo, decidimos amar somente os que nos amam, os simpáticos, os do nosso partido, da nossa Igreja, os bajuladores, não estamos vivendo bem o amor. Podemos até pensar que estamos amando e sendo amados, mas pode ser que isso aconteça por interesse, por vantagens esperadas, por questão de negócios ou mesmo por medo de arriscar algo mais da nossa vida. Mais uma vez, quando nos resguardamos demais, querendo nos defender dos aproveitadores, corremos o perigo de nunca sair do nosso egoísmo, de nunca aprender a nos doar como Jesus ou, ao menos, sempre um pouco mais, além de cálculos e barganhas.

A situação não melhora muito se olharmos as nossas comunidades. Segundo Jesus, o amor entre os discípulos deveria ser visível para todos: aos de dentro e aos de fora. Talvez seja mais fácil, às vezes, salvar as aparências, manter as boas maneiras exteriores, as palavras educadas e os sorrisos superficiais. Podemos sempre enganar os que olham de fora, mas e os de dentro? Seria enganar e mentir a nós mesmos. Está difícil, não está? Vamos desanimar e desistir? De jeito nenhum! Ao contrário, se maior é o desafio, maior deve ser a nossa determinação.

Jesus nos aponta a "medida alta", isto é, a meta, o ideal, para que o desejemos, o almejemos, o sonhemos. Se tivesse pedido menos, já estaríamos todos conformados com os fracassos, as meias-medidas. Seríamos cristãos remediados. Nunca desejaríamos o melhor. Jesus não brincava, porque conhecia o coração humano e a tentação da mediocridade. Para aprender a doar tudo, até a nossa vida, temos que aprender a dar sempre, cada vez um pouco mais, até alcançar a "medida alta" da santidade, do amor pleno como o de Jesus.

Talvez para isso precisemos "cortar" alguma coisa: o egoísmo, o comodismo, a indiferença. Quem vai ficar mais curto, nesse caso, é o nosso orgulho, mas o nosso amor vai crescer. Diferentemente da calça nova do seu Joaquim.

# *A cura espiritual*

*O* Bispo Teodoreto conta que a mãe dele, quando estava doente da vista, foi procurar um santo anacoreta, que morava nos arredores de Antioquia, e pediu a ele que a curasse. Era uma mulher ainda jovem e mundana. Antes de curar o corpo, porém, o santo anacoreta quis curar a sua alma. Então lhe falou com estas palavras: "O que a senhora acha deste fato: um artista muito hábil pinta um retrato; chega um aprendiz e vai corrigindo a obra do mestre. Estica as sobrancelhas, muda a cor da pele, maquia o rosto de branco e vermelho. O que a senhora pensa: não teria razão o autor do retrato de ficar zangado com o presunçoso ignorante?".

– Minha mãe – continuou o Bispo Teodoreto – entendeu a lição e daquele momento em diante deixou todo o luxo da roupa, dos enfeites e da maquiagem.

Com aquelas simples palavras, e sem brigar, o santo da história quis curar não somente o corpo da mulher, mas também a sua maneira de viver. Quis libertá-la das excessivas preocupações com a sua aparência para ajudá-la a buscar um sentido maior e mais profundo em sua vida.

No diálogo com Nicodemos, que encontramos no Evangelho, Jesus também quis ajudar o homem que o visitava na boca da noite a sair da escuridão para se deixar iluminar pela luz plena. O evangelista João aproveita o diálogo de Jesus com Nicodemos para nos transmitir grandes ensinamentos. Jesus lhe fala de um novo nascimento, o da vida eterna e da missão do próprio Filho que não veio para condenar, mas para salvar a humanidade.

A linguagem não é simples, podemos dizer que é radical, sem meias-medidas. Se a luz veio ao mundo, as trevas devem desaparecer. Assim, a vida eterna consiste em acreditar no Filho de Deus. Quem acreditar participará dessa vida; quem não acreditar por si mesmo vai se excluir dela. Podemos nos perguntar, por que tanta radicalidade? O evangelista quer nos ajudar a tomar uma decisão, a não ficar eternamente na dúvida ou na falta de fé.

Nicodemos era uma autoridade dos judeus, portanto pode representar todo o povo convidado a acolher o próprio Jesus. Pode representar também todas as pessoas de boa vontade, que continuam buscando algo mais porque não se satisfazem com simples costumes tradicionais, com as opiniões da moda ou raciocínios alheios. É por isso que Jesus diz a Nicodemos que é preciso "renascer".

Nós recebemos a vida corporal como presente de Deus e dos nossos pais, mas a vida, digamos, espiritual, nós devemos buscar nas respostas às perguntas decisivas da nossa existência. No parto físico, foi a nossa mãe quem sofreu; no parto espiritual, cada um de nós sofre a sua parte na busca de esclarecimento e, sobretudo, na urgência de tomar alguma decisão que possa nortear e motivar o nosso viver.

Afinal, todos somos obrigados a realizar contínuos julgamentos: o que vale e o que não vale, o que gera vida e o que gera morte para mim e para os outros. Também quem não se preocupa, de fato, com grandes motivações em sua vida sempre pode decidir entre o que é mais vantajoso e cômodo para si e o que pensa que possa prejudicá-lo e incomodá-lo.

Nas palavras de Jesus a Nicodemos renascer é encontrar a luz, um caminho claro pelo qual andar – um caminho que é ele mesmo, o Senhor. De certa forma, a cada decisão que tomamos estamos "renascendo". Se escolhemos mal e incorremos em mentiras e injustiças, acabamos transformados em criaturas fechadas no egoísmo, no ódio, na vingança, na morte, excluindo-nos de um vida nova, na qual não acreditamos. A vaidade, por exemplo, da qual ninguém escapa, seja homem ou mulher, aparentemente é coisa pouca, mas pode nos conduzir a uma exagerada preocupação com a nossa aparência e a querer julgar também os outros pela exterioridade. Ao contrário, se a decisão é para a luz, a verdade, o bem, renascemos também para o bem, tornamo-nos criaturas renovadas, porque transformadas pelo amor. Nesse caso, preocupamo-nos com o amor fraterno, a solidariedade, a atenção aos desfigurados da vida.

Jesus, que curou tantos doentes, quis oferecer a todos a salvação, isto é, uma vida nova, um renascer. A nossa vida física passa, mas quem crê nele entra no caminho da vida eterna. Deixamos de nos medir pelas coisas materiais, mas sim pelas "obras da luz", a prática da justiça e do amor. Todos nós precisamos desta cura espiritual. Está em jogo a vida eterna.

# A erva venenosa

Um eremita passou sessenta anos afastado de tudo e de todos. Até então tinha levado uma vida de mortificações, alimentando-se somente de legumes e de uma erva venenosa, que crescia perto de sua choupana. Após tanto tempo, estava perdendo a coragem porque não fazia nenhum dos milagres extraordinários que, como haviam lhe contado, faziam os outros Padres do deserto. Resolveu, portanto, deixar a solidão e ir morar na cidade para levar uma vida mais cômoda. Mas Deus vigiava e, antes que realizasse o seu plano, enviou um anjo que lhe disse: "O que você pensa e o que você fala? Quais maravilhas podem superar o milagre da sua vida? Quem lhe deu as forças para aguentar todos esses anos neste lugar? Quem abençoou a erva venenosa com a qual se alimenta e a tornou inofensiva? Fique no lugar onde está e rogue a Deus que lhe conceda humildade". Fortalecido pelas palavras do anjo, o santo eremita permaneceu naquele lugar até o dia de sua morte.

O Evangelho nos diz que Jesus "nada lhes falava sem usar parábolas" (Mt 13,34). Cumpre-se, assim, a palavra do Salmo 78 no versículo 2. Das três parábolas apresentadas, a mais conhecida e discutida, talvez, seja a do joio e do trigo. Quantas vezes essas palavras são usadas para explicar que o bem e o mal existem juntos na vida e é muito difícil separá-los, e que não cabe a nós julgar e condenar os outros? Sem dúvida seríamos completamente cegos se não enxergássemos as tantas coisas erradas que acontecem, como também se não reconhecêssemos as boas. A nossa existência é uma mistura de bondade e maldade, de virtudes e defeitos, de alegrias e tristezas, de vida e morte. A pessoa que se considera boa precisa ficar alerta para não se tornar má. Mas também ninguém é tão mau que não possa fazer alguma coisa boa em algum momento de sua vida. Tudo depende das circunstâncias, das ocasiões e dos exemplos que temos à nossa frente.

A parábola, contudo, parece-me que pode nos revelar muito mais. Se por um lado Jesus quer nos dizer para sermos conscientes do mal que nos atenta e cresce conosco e ao nosso redor, por outro, em nenhum momento da parábola o joio e o trigo se confundem. Tanto é verdade que os empregados se oferecem para arrancar o joio. É sinal de que o joio e o trigo crescem juntos, mas não se confundem a ponto de não se conseguir distingui-los mais, mas são bem visíveis e reconhecíveis. A separação, o julgamento e a fogueira, porém, acontecerão só no final. Com isso, penso que o Senhor nos ensina a sermos realistas: se ainda não vivemos no céu, onde só há coisas boas, também não estamos ainda no inferno, onde há somente coisas más. Cabe a nós, neste tempo da história humana que nos é concedido, fazer crescer o bem, isto é, construir um mundo melhor. Mais do que ficarmos reparando nas ervas daninhas o tempo todo – em geral, sempre são os defeitos e as culpas dos outros – devemos nos esforçar para crescermos como o bom trigo, fruto da boa semente.

Muitas vezes perdemos tempo falando mal dos outros, querendo arrancar o que julgamos estar errado no mundo. Deus tem mais paciência e esperança do que nós. Ele é o dono do tempo e dá chance a todos. A questão, portanto, é procurarmos ser, cada vez mais e melhor, o bom trigo que cresce, nunca desanima e firma as suas raízes perseverando até o momento final.

Talvez a maior tentação que experimentamos hoje seja o desânimo, no sentido de achar já perdida a luta contra o mal. Nesse caso, é sinal que o joio já contaminou a nossa esperança. Ao contrário, ser cristãos realistas significa ter consciência da força do bem e da força do mal, ou seja, das limitações humanas.

Ainda bem que o Senhor, na sua bondade, nos dá o tempo necessário para crescermos. E, sobretudo, nos garante que a semente é boa e os frutos também serão bons. Ele nos dá a força para continuarmos no caminho certo apesar das dificuldades, das tentações e dos fracassos. É como a erva venenosa do eremita da história: quem dava um jeito para que não o matasse? O bom Deus! Conviver com as coisas erradas é difícil, mas não ser sufocados nem desanimar é mais obra de Deus do que nossa. "Não tenhais medo" repetiu muitas vezes Jesus.

Nada de desejar uma vida mais cômoda, com menos dificuldades. Vamos ficar onde estamos, enraizados no Senhor Jesus, combatendo o bom combate do amor, da justiça e da paz. O Reino é de Deus e vai crescer como a semente de mostarda, que se torna árvore, e a massa, que recebe o fermento. Mas essas já são outras parábolas.

# A generosidade do Papa

Apresentou-se, certa vez, a Bento XIV, um pobre pai de família que, contando-lhe suas necessidades, pediu-lhe um auxílio.

– Tenho apenas vinte escudos – disse o Papa. – Se lhe bastam, dou-os com gosto.

Um jovem prelado, que estava presente, advertiu-o, em voz baixa, que vinte escudos eram demais, bastavam dez.

– O senhor tem dez escudos consigo? – perguntou-lhe o Pontífice.

O prelado, metendo a mão no bolso, apresentou-lhe dez escudos. Então o Papa, entregando ao pobre seus vinte escudos com mais aqueles dez, disse:

– Agradeça também ao Monsenhor, que concorre ao benefício, acrescentando à minha oferta a dele, de dez escudos.

O prelado ficou bastante desapontado, mas calou-se.

Uma simples história de caridade, talvez um pouco forçada como a do Monsenhor, acabou sendo mais uma ajuda para quem estava precisando.

O Evangelho narra como o Senhor Jesus ensinava aos seus discípulos. Primeiro ele diz que ninguém pode fazer milagres em seu nome e depois falar mal dele.

O importante é que "toda língua confesse que Jesus é o Senhor, para a glória de Deus Pai" diz a Carta aos Filipenses 2,11. Em nome de Jesus só se deveria fazer o bem a quem precisasse – mesmo que fosse algo simples e aparentemente insignificante, como um copo de água. O escândalo acontece quando o nome de Jesus é usado para prejudicar alguém ou dar vantagem a uns sobre outros. Os pequenos e os pobres ficam escandalizados porque acreditam no amor do Pai para com todos. Privilégios e enriquecimentos, usando o nome de Deus, só podem desnortear a fé dos simples.

Pensando bem, porém, todos os discípulos verdadeiros deveriam ser simples e pobres de coração, procurando amar a Deus servindo ao seu próximo, com generosidade e desprendimento, porque somente do Pai aguardam a recompensa.

Jesus não deixa de nos surpreender e incomodar: "Se tua mão te leva à queda, corta-a! [...] Se teu pé te leva à queda, corta-o! [...] Se teu olho te leva à queda, arranca-o!" (Mc 9,43-47). Entendemos que suas palavras não devem ser tomadas literalmente, cortando mesmo mãos, pés e arrancando olhos. No entanto, a decisão de mudar certas atitudes ou costumes nos custa quase tanto quanto arrancar membros do nosso corpo. Mais uma vez, devemos entender as palavras de Jesus como um convite à liberdade: liberdade para amar e fazer o bem. Para possuir o grande tesouro que é "entrar no Reino de Deus" vale a pena renunciar não somente aos males, mas também a outros "bens", menos valiosos, não por desprezo ou heroísmo. Como considerar inúteis uma mão, um pé ou um olho? Eles podem ser, porém, obstáculos para a nossa participação no Reino. A porta para entrar é sempre estreita, precisamos nos desvencilhar de muitas coisas. Sabemos que, por orgulho, muitas vezes custa-nos demais renunciar a uma ideia ou uma opinião. Perdemos amizades, até a própria família, mas não admitimos erros nem pedimos socorro para nos libertar de certos vícios que estão mais grudados em nós do que os membros do nosso corpo.

Achamos tudo isso tão difícil e até inútil porque o Reino do qual Jesus fala nos parece longe demais! Por que deveríamos renunciar a algo bom para nós, hoje, pensando num prêmio tão duvidoso no futuro? Na realidade o bem que fazemos já é sinal e presença do Reino. A renúncia a algo de menos importância é para começarmos a ser felizes hoje, escolhendo a parte melhor, aprendendo a amar, a servir, a nos doar. Ninguém aprende a fazer isso de uma vez só. Precisamos treinar também para amar, talvez com pequenos gestos – um copo de água, um sorriso, uma mão estendida, uma ajuda a quem sofre. Talvez precisemos de alguém que nos dê um empurrãozinho. O Monsenhor da história não ficou muito feliz por ter dado os dez escudos, mas já os tinha entregado. Aprendeu com a lição do Papa Bento XIV, lá pelos anos de 1700.

# A mulher apressada

Uma mulher que não tinha muitos recursos financeiros encontrou um ovo. Chamou toda a família e disse com entusiasmo: "Nossas preocupações acabaram! Nós não iremos comer este ovo. Pediremos à nossa vizinha que seja chocado pela galinha dela, então teremos um pintinho, que logo se tornará uma galinha. Com ela teremos muitos outros ovos e, rapidamente, teremos muitas outras galinhas. Não comeremos nada, nem ovos nem galinhas, mas poderemos vendê-las e comprar uma bezerrinha que, em pouco tempo, nos dará leite e outros bezerros. Assim poderemos vender os bezerros, comprar uma roça, criaremos galinhas, vacas, compraremos, venderemos...". Empolgada, a mulher falava agitando os braços. Com isso, o ovo escorregou da sua mão e acabou se espatifando no chão. Todos os grandes projetos acabaram de uma só vez.

Coisas que acontecem com quem não tem paciência e quer tudo logo. Provavelmente não conseguirá nada, nem na hora nem nunca, ou alcançará muito menos do que esperava ou poderia ter conseguido, se tivesse procedido com mais calma, sem apressar o que segue um ritmo natural e humano.

A paciência é a virtude daqueles que sabem construir aos poucos a própria vida, que sabem que para mudar as coisas e mais ainda o coração das pessoas é preciso carinho, muito diálogo e o tempo necessário para amadurecer. Exemplo de pessoa paciente é o agricultor, quando sabe que a natureza tem o seu ritmo e que não adianta forçar a barra, porque a pressa pode destruir o que foi plantado e crescerá no tempo oportuno. "Quem semeia em lágrimas colherá com alegria", diz o Salmo 126,5. Somente quem sabe confiar e ter paciência colherá bons frutos. Os apressados colherão pouco e sem perspectivas futuras.

A parábola da figueira, que por três anos não tinha produzido frutos, ofereceu a Jesus a possibilidade de nos explicar a bondade e a paciência de Deus, exatamente o contrário do que experimentamos hoje. Vivemos numa sociedade louca por resultados, sobretudo quando está em jogo o sucesso das vendas, dos lucros, das campanhas publicitárias. Tudo é medido pelo crescimento almejado, os índices das pesquisas servem para divulgar as metas alcançadas e a superação das expectativas. Quem vê os índices da sua popularidade, ou das vendas, ou das ações na Bolsa de Valores despencar, fica desesperado: precisa fazer algo para reverter a situação, porque, se cair mais, a concorrência ou o outro candidato vai engolir tudo!

De acordo com a parábola de Jesus, o dono da vinha não tem tanta pressa. A pedido do vinhateiro, espera mais um ano para ver se a bendita figueira, com adubo e limpeza, produzirá. O dono sabe que precisa empenhar tempo, trabalho e esforço para alcançar algum resultado. Não é um simples patrão exigente. Mesmo que a figueira esteja demorando a produzir, ocupando inutilmente o terreno, ela ainda será tratada com carinho e atenção, não será desprezada nem cortada. Ao contrário, estará no centro das preocupações do vinhateiro.

Nesta altura da reflexão, é fácil pensar cada um na própria vida, naquele espaço de tempo e lugar que ocupamos na história. Nesta rápida viagem pela vida, quais os frutos que estamos produzindo? Quais os frutos que Deus gostaria que nós produzíssemos? Se entendermos que a nossa vida, como a vida de todos, é um dom a ser bem empregado e bem gasto, produzir alguns frutos bons deveria ser a alegria e a esperança de todos nós. Não estamos falando daqueles resultados que muitas vezes a sociedade nos cobra, como riqueza, sucesso, boa posição social. Esses não interessam a Deus, a não ser que os usemos para outros frutos mais preciosos e valiosos aos olhos dele, como a bondade, a fraternidade, a paz e a justiça. Se ficarmos presos aos índices de produtividade, de lucro, de sucesso e popularidade, pouco estaremos produzindo para o Reino de Deus.

Precisamos sair dessa prisão para livremente assumir riquezas mais duradouras, tesouros para a vida eterna. Coragem! Vamos aproveitar enquanto temos tempo, seguindo a palavra e o exemplo de Jesus e, sobretudo, a amorosa paciência do Pai.

# A pedra ameaçadora

Ninguém sabia se havia sido um anjo ou um demônio a colocar aquela pedra enorme naquele lugar. Ela estava encostada na montanha, mas podia desprender-se dela a qualquer momento e acabar com boa parte da pequena vila que estava no fundo do vale. Os homens tinham acolhido o desafio de vigiar qualquer movimentação da pedra. Todas as noites, um deles subia ao monte com uma lanterna na mão e ficava observando. Se a pedra saísse do lugar, ele devia avisar a população da vila tocando uma trombeta. Podia chover ou soprar o vento, com a lua no céu ou com neve caindo, um homem vigiava para que todos pudessem dormir em paz. Ficar vigiando a pedra era motivo de grande fadiga, mas também de orgulho. Na manhã seguinte, o homem descia do monte e parecia-lhe que toda a vila sorria para ele, agradecida.

O tempo, porém, passou e trouxe outras satisfações e outros orgulhos. Assim, aos poucos, pareceu inútil aquilo que antes era considerado importante. Havia anos que a grande pedra estava lá e nunca se tinha mexido. Por que deveria cair logo agora? Também, diziam, era tarefa do prefeito pagar um vigia para este trabalho. E o governador? Que ele também ajudasse com o dinheiro público.

*115*

Depois de muitas discussões, os homens decidiram suspender o trabalho da vigilância. Não tinha mais graça nenhuma continuar. Nunca é fácil gostar do próprio dever, a não ser que a pessoa encontre nela mesma o gosto daquilo que faz e cada dia renove o seu compromisso. Aqueles homens eram atraídos demais por prazeres exteriores para procurar razões interiores. Nunca mais ninguém subiu ao monte para conferir. A pedra ainda está lá, mas já se moveu um bom metro rumo ao vale, sem que ninguém tenha percebido.

No Evangelho, Jesus nos adverte a sempre estar atentos e vigiar. Não é o caso de ficar à espera de tragédias e coisas pavorosas. Seria suficiente pensar em nossa vida que passa. Ninguém de nós sabe o que nos reserva o futuro: alegrias, tristezas, momentos bons ou difíceis. Nossa vida é uma mistura de tudo isso. Estar atentos, portanto, pode significar simplesmente dar atenção ao que está acontecendo e saber reconhecer a presença do Senhor no meio de nós, oferecendo seu amor a todos. Pensar nas situações da vida, mas também nas oportunidades que ela nos oferece; nas pessoas que encontramos pelos caminhos do mundo; em gestos e ações de bondade, paz e justiça que podemos realizar.

"Vigiai e orai, para não cairdes em tentação; pois o espírito está pronto, mas a carne é fraca" (Mt 26,41), diz-nos o Evangelho, de modo a não nos tornarmos insensíveis por causa da gula, da embriaguez e das preocupações da vida. Parece o retrato da nossa sociedade: todos tão atarefados, tão preocupados, correndo o dia todo... porém cada um atrás dos seus interesses, com a sensibilidade e a consciência entorpecidas. Acordamos somente quando acontece algo de grave e de sério conosco. Se for questão de dinheiro, então, somos supersensíveis e brigamos até o fim. Raramente nos deixamos envolver com as dificuldades dos irmãos. Falar em bem comum é discurso para político idealista, poucas vezes é fruto de uma consciência de cidadania unida à vontade de resolver os problemas juntos, assumindo a responsabilidade, também pessoal, de construir uma sociedade mais justa e fraterna.

Mas Deus continua vendo e ouvindo os clamores do seu povo e decide estar ao lado do pequeno e do pobre, de todo ser humano que deixa de lado o orgulho e reconhece a sua finitude. Somente assim acontece o encontro entre o amor de Deus e a nossa sede de amor. Também no tempo de Jesus os insensíveis, seguros de si, não souberam acolher o Salvador. No entanto, é com ele, o Senhor que vem, que aprendemos quanto vale ter um coração sensível e amoroso.

Fiquemos sempre atentos, vigiando por nós e pelos outros também, antes que a pedra gigantesca do egoísmo e da insensibilidade nos faça parecer inútil amar. Nesse caso, a pedra já teria nos destruído, porque teria rolado do monte até parar em nosso coração. Talvez sem percebermos.

# A pedra e o coração de Deus

Três homens, andando pelas montanhas, foram surpreendidos por uma tempestade. Para se proteger, refugiaram-se numa caverna. De repente, uma pedra enorme despencou do alto e fechou completamente a entrada da gruta. Os três chegaram à conclusão de que somente Deus podia salvá-los. Assim, começaram a implorar a ajuda do Todo-Poderoso, apresentando os atos das suas vidas que pensavam ser mais merecedores de consideração por parte de Deus.

O primeiro disse: "Eu tinha somente uma cabra. Todos os dias a levava para pastar e ter um pouco de leite para os meus velhos pais. Também juntava lenha para vender a fim de que nunca lhes faltasse comida. Certo dia, cheguei e os encontrei adormecidos. Esperei a noite toda até eles acordarem. De manhã, dei comida para eles e depois eu também me alimentei e fui descansar. Senhor, se eu disse a verdade, dá-me um sinal da tua bondade". A pedra afastou-se um pouco.

O segundo falou assim: "Tempos atrás, apaixonei--me por uma jovem muito pobre, porém ela não aceitou se casar comigo. Então eu juntei todo o ouro que pude e disse para ela que tudo aquilo seria dela se ela me vendesse o corpo por uma noite. A pobre jovem veio, mas o temor de Deus entrou no meu coração. Não toquei nela e lhe dei todo o ouro. Senhor, se eu disse a verdade, dá-me um sinal da tua bondade". A pedra afastou-se mais um pouco.

O terceiro homem também contou a sua história: "Eu tive muitos homens trabalhando sob as minhas ordens. Quando concluíram os trabalhos dei a todos o salário devido. Um, porém, não se apresentou. Com o dinheiro dele comprei uma ovelha. Os anos passaram e a ovelha tornou-se um rebanho. Quando, enfim, o homem apareceu para receber o seu dinheiro, mostrei para ele o rebanho. Achou que estava zombando dele, mas eu insisti para que levasse o que era seu. Agora, Senhor, se eu disse a verdade, dá-me um sinal da tua misericórdia". A pedra afastou-se mais um pouco e os três homens conseguiram sair da caverna.

As boas obras deles tinham tocado o coração de Deus. O primeiro pela paciência e o amor filial. O segundo por causa do respeito ao fraco e do arrependimento. O terceiro porque agiu com justiça e honestidade.

Vale a pena nos perguntarmos: afinal, os três homens fizeram mesmo alguma coisa extraordinária, tão importante a ponto de conseguir comover o coração de Deus? Não deveríamos, todos, honrar pai e a mãe? Não deveríamos respeitar as pessoas mais fracas e necessitadas? Não deveríamos ser honestos e justos? Eles fizeram apenas o que era certo. Nenhum heroísmo, nada tão fora do comum. Acontece, no entanto, que, muitas vezes, um gesto simples de bondade, repetido, talvez, todos os dias, parece-nos de pouco valor. Tem horas nas quais precisamos de forças extraordinárias para fazer alguma obra grandiosa, mas é muito mais provável precisarmos de muita perseverança e paciência todos os dias para fazermos o bem simples que está ao nosso alcance. Pagamos o preço e a ilusão da fama quando consideramos grandes somente aquelas pessoas que se destacam por algum dom especial ou algum gesto que chame a atenção. O bom Deus não deixa faltar qualidades a seus filhos e filhas, assim como, em certos momentos, dá força sobre-humana para cumprir gestos heroicos. Contudo parece que estamos nos esquecendo da coragem e da grandeza de ânimo daqueles que todos os dias e a toda hora praticam o bem em casa, em família, no trabalho. Nunca serão manchetes de noticiário, mas também nunca deixarão de praticar o bem.

Jesus ressuscitado cumpre a promessa de estar sempre conosco. Com o auxílio do "mestre interior", nós podemos lembrar e compreender tudo o que ele ensinou e ter coragem de continuar a missão que nos foi entregue. Para fazer isso, precisamos mesmo de muita força e coragem.

O tempo vai passando, os acontecimentos da história humana se desenrolando, novas ideias são divulgadas, desafiando as anteriores. Nesse clima de incerteza, continuar firmes e fiéis ao Senhor Jesus exige, talvez, algo de heroico. Contudo, estou convencido, não será pedindo ao Divino Espírito Santo dons extraordinários que venceremos as dificuldades. Acredito que na hora da necessidade não faltarão os líderes, as luzes e as forças para continuar no caminho. Seria muita ambição, porém, nós mesmos acharmos que somos uma dessas pessoas. Por isso, talvez o maior dom que podemos pedir ao Espírito Santo não seja algo extraordinário, mas a capacidade simples e comum de escolher e fazer sempre o bem. A humildade e a perseverança no amor movem qualquer pedra e sempre tocam o coração de Deus.

# A pior casa

Há muitos anos um mestre de obras trabalhava para uma firma de construções. Estava perto de se aposentar. Um dia recebeu ordem para construir uma casa bonita, seguindo o projeto que achasse melhor, no lugar que também mais lhe agradasse e sem limites com os gastos. Ele logo deu início aos trabalhos. Pensando em tirar proveito da confiança nele depositada, decidiu usar materiais de baixa qualidade e pagar salários mais baixos aos trabalhadores menos experientes para conter os gastos. Dessa forma, pensou ele, poderia ficar com o dinheiro poupado da obra. Quando a casa ficou pronta, houve uma pequena festa e o mestre de obras entregou ao presidente da firma a chave da porta principal. O presidente, sorrindo, devolveu-lhe a chave e disse, apertando-lhe a mão: "Amigo, esta casa é um presente nosso, como sinal de gratidão e estima pelos anos que trabalhou conosco". E foi assim que o mestre de obras ficou com a pior casa que construiu em toda a sua vida.

Nos Evangelhos, Jesus muitas vezes repete: "Ouvistes o que eu vos disse" ou "Em verdade vos digo". Ele tem consciência de que está propondo algo novo, um caminho para entrar no Reino dos céus, uma "justiça"e um agir amoroso maiores do que a dos escribas, dos fariseus, dos cobradores de imposto e dos pagãos. Todos esses ensinamentos devem ser praticados, devem ser vividos pelos seus seguidores. Com isso, Jesus nos lembra de que ele não é um simples mestre da sabedoria humana ou um terapeuta para acalmar as nossas ansiedades. Ele quer ser o Senhor da vida dos seus discípulos que, por confiarem tanto na sua palavra, transformam-na em ações, em escolhas, em sentimentos e projetos concretos. Pouco ou nada vale a teoria ou chamá-lo de Senhor, se a prática do dia a dia não corresponde às invocações. Ser cristão não é simplesmente acolher e empolgar-se com os pensamentos de Cristo. É procurar viver como ele viveu.

É neste sentido que entendo a parábola da casa construída sobre a rocha e a construída sobre a areia. Infelizmente assistimos a tantos deslizamentos de morros, a tantas vítimas de construções que desabam... ficamos receosos e nos perguntamos se a morada onde habitamos está mesmo segura ou se, por alguma falha no subsolo, por algum erro de cálculo ou pelo material usado ela também corre o perigo de desmoronar. Legítimas preocupações que, porém, podem ser resolvidas gastando algum dinheiro com uma perícia de técnicos competentes e honestos. "Segurança e tranquilidade" poderia ser um bom lema para uma construtora de imóveis.

O que dizer da nossa vida? Talvez nos preocupemos mais com a nossa casa, com o quanto custou e podemos perder do que com o sentido que damos ao nosso agir e conviver. Jesus aproveita o exemplo desse bem tão precioso e necessário para a família para nos alertar: perder uma casa é um grande prejuízo, mas perder o sentido da nossa vida, perceber que estamos construindo sobre o vazio, sobre ídolos ocos e modas passageiras é muito pior.

As tempestades da vida são quase as mesmas para todos: fracassos, incompreensões, decepções, doenças, solidão, o tempo que passa inexoravelmente. Confiar em Jesus é organizar a nossa vida segundo os critérios e as propostas dele, sobre uma palavra que nunca perde o valor, nunca passa, é firme como a rocha, fiel como Deus! Cabe a nós decidir em quem confiar: nas areias que as chuvas do tempo carregam ou na palavra de quem nos ama e quer o nosso bem nesta vida e na eternidade.

Voltando à pior casa que o mestre de obras construiu, penso naquelas pessoas que experimentaram ou experimentam algum grave desastre nas suas vidas. Por exemplo: uma família destruída, um abandono nunca imaginado, um derrame irrecuperável, um acidente horrível, uma doença terminal. É possível recomeçar e construir tudo de novo, também quando o tempo parece curto e as forças debilitadas?

Com Jesus tudo é possível. Afinal somos o mestre de obras da nossa vida. Depende de como construímos e do material que usamos. Se acreditarmos será sempre melhor uma humilde casa construída sobre a rocha da palavra dele, do que uma mansão construída sobre a areia das humanas ilusões.

# A promessa do rei

Um discípulo queixava-se com o seu mestre: "Por que muitos que se dizem tão sábios não dão mais confiança à religião?".

Como resposta, o homem de Deus contou-lhe esta história: "Certa vez havia um rei que fez a solene promessa de nunca se manchar de sangue por nenhuma razão. Aconteceu que um homem, ao soldo de um rei inimigo, atentou contra a vida dele. Não conseguiu e foi pego na hora. O rei não mandou matá-lo, mas o enviou de volta para o mandante com esta mensagem: 'O seu sicário foi pego antes de consumar o meu assassinato. Eu o perdoei e o envio de volta com um pouco de inveja. Com efeito, o senhor tem um servidor corajoso e leal'. No entanto, quando o preso foi entregue ao seu rei, este o mandou degolar imediatamente, não porque havia fracassado na missão, mas por suspeitar que ele havia sido libertado, por sua vez, com um plano para matá-lo. Aquele rei não podia absolutamente acreditar que fosse possível perdoar e colocar em liberdade um homem culpado de ter tentado homicídio, se não por algum obscuro plano. Assim, muitos que se dizem tão espertos neste mundo não conseguem acreditar que, por trás do ensinamento religioso, não tenha alguma coisa que os possa prejudicar".

Com essa reflexão não quero contradizer os que afirmam estarmos vivendo um momento espetacular com as religiões. Realmente, Deus está em alta. Nunca tivemos tantos templos nas nossas praças, ruas e avenidas, e templos de todos os tipos, tamanhos e cores, mais ou menos barulhentos. Também nunca tivemos tantos pregadores gritando e invocando o nome de Deus e de Jesus. Nunca tantos canais de televisão apresentaram tamanha quantidade de milagres e falações. Painéis, cartazes, panfletos e músicas religiosas são incontáveis. Deveríamos já estar muito perto do céu, ou, ao menos, no caminho certo. Mas parece que não é bem assim. Notícias de violência, injustiças, desvios de dinheiro público, falcatruas e fraudes enchem os jornais e noticiários.

O que está faltando? Claro que não posso responder a uma pergunta tão intrigante em poucas linhas, mas convido todos a refletir um pouco sobre religião. Duas palavras, hoje, ajudam-nos a entender o que está acontecendo: relativismo e sincretismo. Relativismo significa que tudo é considerado como tendo o mesmo valor. Com isso, muitas pessoas não se preocupam em conferir o que o religioso está dizendo. Basta que mencione Deus, seja algo gratificante e interfira o menos possível nas suas vidas particular e social. Desse jeito, o primeiro resultado é a incerteza em definir a própria fé. Deus perde a identidade, vira um "João Ninguém" ao qual se pode atribuir tudo e qualquer coisa.

Por sua vez, sincretismo significa, para simplificar, a mistura de tudo um pouco. É o "balaio de gatos" das crenças, onde reina a confusão. Cada um pega os que lhe agrada. O resultado, infelizmente, é um Deus "arlequim", sem rosto e jeito definidos, manipulado ao gosto do freguês, que não incomoda nem atrapalha a vida de ninguém. No final, porém, não serve para nada: não ensina nada de novo nem motiva a vida de ninguém, porque tudo o que lembra compromisso, participação, comunidade, conversão, fidelidade, instituição é deixado de lado. Em nome de uma mal-entendida liberdade, cada um faz o que quer e acredita no que acha melhor ou mais vantajoso para si.

É bom parar um pouco e pensar em quem acreditamos, se é mesmo em Jesus Cristo e em seus discípulos, muitos dos quais entregaram a vida em martírio pela fé. Há uma história antes de nós, uma tradição. Não se podem improvisar doutrinas e crenças. São Paulo, evangelizador e missionário, por exemplo, sempre será modelo de anunciador de Jesus Cristo.

Em tempos de tantas vozes e de tantas mensagens, devemos buscar a palavra certa. Em época de incertezas, precisamos encontrar o caminho seguro. A não ser que também nós tenhamos perdido a confiança e vivamos com a suspeita de sermos sempre enganados. Onde há desconfiança desaparece a fé. Para os cristãos devia ser o contrário.

# A raposa e o leão

Certa vez um homem cruzou com uma raposa. O animal tinha só três pernas e se arrastava com dificuldade. O homem ficou curioso para saber como ela podia sobreviver naquelas condições. De repente, viu chegar um leão com um pedaço de carne entre os dentes. O leão comeu um bocado e depois, satisfeito, deixou o resto. A raposa aproveitou para alimentar-se. O homem depois de ter assistido a tudo isso, concluiu: "de agora em diante vou agir como a raposa; a Providência com certeza vai ajudar a mim também".

Com paciência dispôs-se a esperar para que apareceesse algum sinal da intervenção divina. No entanto, estava ficando cada vez mais fraco. Não sabia se estava dormindo ou acordado, mas teve a impressão de ouvir uma voz que lhe dizia: "Não aja como a raposa aleijada! Seja como o leão que tem condição de procurar alimento para si e ainda deixa sobrar comida para os outros".

Como nas outras vezes, a historinha nos ajuda a iniciar a nossa conversa. Acreditar e confiar na Providência de Deus não significa ficar de braços cruzados aguardando alguma intervenção extraordinária. Ao contrário, significa reconhecer que o Pai nos dá todas as condições para encontrarmos o que é necessário para satisfazer as nossas necessidades básicas e as dos demais. De um lado, temos a natureza com a fartura e a variedade que a caracterizam; do outro, está a própria inteligência humana capaz de organizar-se para providenciar, por meio do trabalho e da criatividade, o que precisa para si e para os outros.

Sabemos que nem sempre isso é fácil ou divertido. Apesar da tecnologia, milhões de seres humanos ainda passam fome, outros foram desalojados e não têm onde morar. Contudo a ciência e as organizações internacionais nos garantem que o planeta Terra teria plenas condições – ao menos por enquanto – de satisfazer a fome e a sede dos seus bilhões de habitantes.

Acreditamos que Deus não quer substituir nem disputar com o ser humano aquilo que ele pode e deveria fazer. Jesus nos ensinou não só a trabalhar e não esperar acomodados por soluções mágicas, como nos mandou não fazer da busca da comida, da roupa, do luxo, dos bens materiais em geral e da grandiosidade das aparências as principais e talvez únicas preocupações da nossa vida. Propôs, em primeiro lugar, a busca do Reino de Deus e a sua justiça; o resto nos seria dado por acréscimo. Precisamos entender bem o que significa isso nos nossos dias, quando assistimos ao acúmulo de bens materiais e também de tecnologia, de saberes e informação nas mãos de poucos, bem como ao desperdício reconhecível nas montanhas de lixo, na falta de água potável e no custo da energia elétrica.

Um cristão não deveria ser, por princípio, alguém que acumula. Todo enriquecimento pode ter uma função social. Deveria servir para fazer "amigos" e não "inimigos"!

Nesse sentido, devemos falar em justiça. Podemos pensar em redistribuição de renda ou de algo semelhante, em cada país e no mundo inteiro. Ideias, propostas e projetos não faltam, e o debate é tão interessante quanto a percepção da urgência de soluções para casos gritantes de fome, miséria e exclusão social. Em época de globalização, os governantes mundiais têm grandes responsabilidades, não apenas com os povos dos seus países, mas com as populações do mundo inteiro. Assistencialismos e paternalismos, inclusive internacionais, deveriam ser transformados em ações de resgate da dignidade de pessoas.

Sentindo compaixão do povo que estava com fome, Jesus multiplicou os pães e os peixes, no entanto, ensinou também a busca pelo alimento que não perece. Mais uma vez não devemos apenas ficar à espera de soluções e respostas dos "outros". Tudo começa no coração. Se a minha ambição e o meu bem-estar me fazem esquecer do irmão necessitado, se as possíveis vantagens e a minha tranquilidade me fazem fechar os olhos às dificuldades dos outros, é porque essas são, de fato, as minhas maiores preocupações e busco somente o que é bom para mim. É a prática do "cada um para si, Deus por todos".

Novamente nos perguntamos: é Deus que deve providenciar o que não fazemos e não partilhamos, ou devemos criar sempre formas novas para trabalhar juntos na construção de um mundo de irmãos na paz e na solidariedade? Se os leões comerem tudo, não vai sobrar nada para as raposas aleijadas.

# A voz da mãe

Um homem, depois de muito andar pelo mundo, encontrou no deserto um pequeno oásis. Acabou ficando ali, com sua família e as suas cabras, feliz da vida. No meio do oásis havia uma nascente: às vezes dava somente um fiozinho de água, às vezes jorrava com mais abundância, conforme as estações do ano. De dia, a água da fonte era a alegria das crianças e o conforto para o cansaço de todos. À noite, aproximavam-se os animais do deserto para satisfazer a sede.

Um dia, o homem pensou que se cavasse um poço encontraria mais água, poderia plantar mais palmeiras e comprar mais cabras. Cavou o poço, encontrou água e se tornou ganancioso. Multiplicou o número das palmeiras e das cabras. Depois cavou outro poço. Dessa vez, teve que aprofundar mais o buraco para encontrar a água, muito mais do que a primeira vez. Com a nova água aumentou o seu poder. Comprou alguns escravos, começou a comercializar nas aldeias mais próximas e juntou muito dinheiro.

Durante um verão, porém, não choveu nem no oásis nem na região toda. A água começou a ficar escassa. O homem mandou os escravos cavarem mais um poço. Antes de encontrar água, tiveram que descer quase ao coração da terra. A essa altura, a mulher dele, humilde e sábia, disse-lhe: "Não manda cavar mais poços. A terra dá somente a água que tem". Mas o homem não lhe deu ouvidos. Logo que o tempo normalizou, multiplicou as palmeiras, as cabras e os escravos. Tinha sempre uma grande movimentação no oásis, de dia e de noite. Os animais selvagens não tinham mais coragem de se aproximar para beber da água da nascente. Os ossos deles, ressequidos, brilhavam à luz do sol, espalhados pela areia do deserto. No entanto, chegava para o oásis todo tipo de inseto e de animal nojento que fazia a festa com toda aquela água. Em compensação o homem tinha ficado muito rico e se livrava dos insetos incômodos, abanando-se com um leque de ouro.

O tempo passou e chegou mais um verão de seca total. Depois, mais um e mais outro. O tempo também tem as suas ideias e não eram as mesmas do homem cobiçoso. Ele mandou cavar um poço enorme. Foram necessários muitos dias de trabalho e a fadiga dos escravos foi grande demais. O poço era tão fundo que dava medo olhar da borda. Finalmente um fiozinho de água apareceu na escuridão. Aconteceu, porém, o inevitável: a nascente e todos os outros poços secaram imediatamente. Ficou somente um único poço, tão profundo, que parecia a boca do inferno.

Esse poço existe ainda hoje, e dá um pouquinho de água ou, às vezes, ela jorra com fartura, acompanhando as estações do ano. Aquele homem não mora mais lá. O oásis está à disposição de quem o quiser. Pode-se viver bem, mas com a condição de que, quem morar lá, não mexa na nascente e toda a noite se ajoelhe na beira do poço para aprender a escutar, no murmúrio da água, uma voz que lhe pede respeito: parece a voz de um homem, mas é a voz da mãe dele, a natureza.

Peço desculpas pela história um pouco longa. Talvez sirva, como uma parábola, para se compreender o sentido de falar e refletir sobre a ecologia e, portanto, sobre as condições de vida e de sobrevivência no planeta Terra. No entanto, pode ser, também, que todos nós estejamos, aos poucos, tomando consciência da responsabilidade que temos com a nossa vida e a de todos os seres que povoam este recanto do universo. Reconhecer que o ser humano está profundamente ligado à realidade do planeta significa assumir para valer a nossa missão de zeladores dessas riquezas, e não simplesmente de consumidores e exploradores. A humanidade deveria ser muito mais parceira da natureza do que dominadora e manipuladora. O fato de sermos inteligentes não justifica o abuso do poder humano. Ao contrário, deveria nos conduzir ao respeito e ao reconhecimento humilde da dependência que nos une aos demais seres vivos e a tudo o que existe e que não é obra humana: o ar que respiramos, a água necessária para a vida e todos os recursos minerais que foram se formando ao longo dos milênios.

Como cristãos, temos uma responsabilidade ainda maior, porque acreditamos não ser por acaso ou por uma simples cadeia evolucionista que estejamos neste planeta com tais condições de vida. Temos uma missão a cumprir: continuar a obra da criação para que esta não perca a beleza, a harmonia e a variedade que são riquezas inimitáveis e insubstituíveis. Se a tecnologia e a ciência nos fascinam e exaltam, a natureza nos encanta e nos ensina novamente a simplicidade e a transitoriedade das coisas. Afinal, não somos tão poderosos como pensamos. Somos simples peregrinos neste planeta, que não ajudamos a construir. Podemos melhorá-lo ou, ao menos, fazer que seja uma "casa" digna para as gerações futuras. Também quem não acredita em Deus e pensa que não terá de prestar contas a ninguém dos seus atos, bons ou maus, sente, porém, a responsabilidade ética com a humanidade presente e a que há de vir.

Vamos unir as forças para amarmos mais esta "casa" que é de todos e deve continuar a abrigar-nos. A natureza tem os seus ritmos e os seus tempos. Não pode nos dar o que não tem. Precisamos respeitá-la mais. Deveríamos contemplá-la mais para aprender com ela a paciência, a generosidade e a teimosia. Temos ainda muito para descobrir. É a mãe Terra que nos fala e às vezes grita. Não dar ouvidos a esse grito pode ter consequências gravíssimas para todos, agora e para sempre.

# A árvore do futuro

Os beduínos contam que em algum lugar do deserto existe uma árvore totalmente diferente das outras. O tronco é muito fino e liso como o vidro. No alto da árvore há uma única folha vermelha. Geralmente ela está envolvida por uma névoa dourada e, por isso, é muito difícil enxergá-la. Quem consegue tocá-la vai poder conhecer o seu destino. Vai ver, de maneira clara, a si mesmo, as situações pelas quais passará, os lugares de toda a sua existência. No entanto, a pessoa vai também tornar-se infeliz. De repente a vida perde, para ela, a atração do desconhecido, o fascínio do mistério. Começa a julgar inútil qualquer ação, qualquer sacrifício e, muitas vezes, cai no desespero. Por causa disso, os sábios beduínos, quando enxergam de longe uma nuvem dourada, para não cair na tentação, mudam o rumo do seu caminho.

As culturas de todos os povos estão cheias de lendas, fruto do imaginário, mas também de uma experiência da vida milenar. Vale a pena refletir. Mais ainda porque nos Evangelhos parece que às vezes Jesus fala das coisas futuras, e os apóstolos querem saber quando acontecerá tudo aquilo que o Senhor está dizendo, quais os sinais que acompanharão aqueles acontecimentos.

Sabemos que muitos dos fatos, dos quais os Evangelhos falam, já haviam acontecido quando foram escritos, como, por exemplo, a destruição do maravilhoso Templo de Jerusalém pelos romanos no ano 70 ou as perseguições dos primeiros cristãos. Nesse sentido, parece evidente que os Evangelhos não estejam levantando questões a respeito somente daqueles eventos – a essa altura do passado – mas, em geral, sobre toda a história humana. Claramente, porém, a partir daquela experiência de destruição, perseguição, julgamento e morte que estavam vivenciando. Todas as situações de medo e sofrimento geram desistências, covardias, mas também atos de coragem e heroísmo antes impensáveis. Parece mesmo que perseguição e martírio nunca deixaram de acompanhar a vida dos cristãos e, no que entendemos, a história da humanidade inteira.

Podemos dizer que Jesus, nas palavras dos evangelistas, não quis satisfazer a curiosidade dos apóstolos – e talvez também a nossa – sobre datas ou detalhes de acontecimentos de um futuro próximo ou remoto. Ele simplesmente explicou o que os cristãos deviam fazer sempre, ao longo do desenrolar da história humana.

Primeiro: toda perseguição e provação é ocasião para testemunhar a própria fé. Quando todos aplaudem e o sucesso parece ao alcance das nossas mãos é fácil fazer discursos e se achar importante. Difícil é saber manter a clareza das ideias nas horas das críticas e das acusações. Hoje podemos falar também da indiferença ou da zombaria a respeito de quem manifesta, corajosamente, a própria fé. Tudo isso acontece disfarçado de respeito e tolerância, no entanto, em geral, os pensamentos e as atitudes são contrários às normas morais ensinadas pela Igreja. Assim, quem procura viver mais coerentemente a plenitude da própria fé é olhado com comiseração, como um pobre coitado fora do tempo e do espaço.

Segundo: Jesus garante dar aos seus amigos as palavras certas na hora da própria defesa nos julgamentos. Não preparar a própria defesa é, portanto, sinal de confiança no Senhor que irá ajudar. De fato, como prever as perguntas e as artimanhas dos inimigos para nos confundir? Podemos também lembrar que as respostas às perguntas antigas podem não satisfazer perguntas novas. Portanto, novas perguntas pedem novas respostas! Novos desafios e novas situações exigem novas soluções! É a novidade Evangelho abrindo sempre novos caminhos.

Enfim, as últimas palavras de Jesus: "É permanecendo firmes que ireis ganhar a vida". Os nossos dias vão passando. Muitas coisas e pessoas mudam ao nosso redor. O que ou quem ficará? Tem algo, ou melhor, alguém que não muda, porque é o Senhor do tempo e da história. Nós passamos. Ele permanece, e é nele que devemos acreditar. É junto com ele que devemos trilhar o caminho da vida. O que sabemos é suficiente para acertar o rumo da nossa existência. É também para isso que serve a fé.

Conhecer o futuro, portanto, se é que é possível, não é tão importante. É justamente porque não sabemos tudo o que irá acontecer que podemos arriscar, cair e nos levantar, responsáveis e conscientes do que fazemos. O que vale é buscar honestamente as melhores decisões e assumir as consequências. Somente assim a vida será uma aventura que vale a pena ser vivida. Com Jesus mais ainda.

# Água, somente água

Ovinho daquela região era famoso e todos os anos ocorria uma grande festa, durante a qual era possível saborear à vontade a bebida. A fartura vinha de um gigantesco tonel colocado na praça da cidade, do qual era possível tirar o vinho. Cada produtor despejava no tonel uma ou mais garrafas da produção das suas terras. Depois todos bebiam. Chegado o dia da cerimônia, o seu Matias pensou que, se ele despejasse uma garrafa de água no tonel, ninguém iria descobrir, com tanto vinho que lá era jogado. Não queria dar de graça aos outros algo que tinha custado tanto do seu suor. Assim fez. Entrou na fila dos produtores e em meio aos aplausos derramou água. Conta a história que quando abriram a torneira do tonel da praça para iniciar a festa dele saiu água, somente água. Nada de vinho. Evidentemente nunca será possível saber se, naquele ano, todos os produtores tiveram a mesma ideia do seu Matias e despejaram água no tonel, ou se aconteceu algum fato extraordinário – se a água, isto é, o egoísmo do seu Matias, transformou o resto do vinho em água também. O Festival do Vinho acabou em nada. A generosidade muda tudo em alegria, o egoísmo muda tudo em tristeza.

Contando essa história não quis faltar ao respeito ou à seriedade com a página maravilhosa das bodas de Caná. O evangelista João quis nos transmitir muitas mensagens com aquele primeiro "sinal" de Jesus. Eu somente pensei numa festa ao contrário.

Lá Jesus fez a festa do casamento continuar alegre com o vinho melhor. Um sinal, justamente, para nos lembrar de que se Jesus está presente não temos motivos para tristeza ou desespero. Ele é o "noivo" que realiza uma nova e definitiva aliança com a humanidade. Uma aliança de união, amor e doação, como deveria ser todo casamento. Do lado do noivo, o compromisso é total, sem reservas. À entrega generosa deve corresponder também uma resposta de amor. "Fazei o que ele vos disser", diz Maria aos ajudantes. Para que a aliança de amor entre Deus e a humanidade continue, para que qualquer encontro de pessoas se transforme em confiança e unidade, é necessário dar um gosto novo aos gestos e aos relacionamentos corriqueiros. É a água que pode se tornar vinho sempre. Sem amor, dedicação e entrega, tudo fica cansativo, pesado e, cedo ou tarde, sem graça e sem alegria. Ao contrário, se para a generosidade de um corresponde a bondade do outro, tudo fica mais bonito, a vida é mais sorridente e a convivência uma festa.

Maria, nossa Senhora, continua a nos convidar a fazer o que Jesus ensinou com as palavras e o exemplo. A vida poderia ser uma alegria e uma festa para todos, se deixássemos que Jesus transformasse o nosso egoísmo em generosidade, o nosso orgulho em fraternidade e a nossa ambição em solidariedade. Ainda precisamos que o Senhor faça muitas transformações na nossa vida, na nossa família, na sociedade inteira. Estamos muito longe de confiar nele.

Festa verdadeira não é farra e alegria verdadeira não é loucura. Em lugar das coisas que passam e deixam ressaca ou arrependimento, precisamos colocar os bons sentimentos e as decisões que transformam nossa vida na alegria do serviço e da doação, algo de contagiante que ajude a melhorar também a vida dos que convivem conosco ou encontramos no dia a dia. Festa e alegria devem ser para todos, sem excluídos ou privilegiados, e somente vêm da generosidade e do amor. Sem reservas, com fartura. Como nos ensinou Jesus nas bodas de Caná.

# Agulha e linha

Um conto dos Padres do deserto diz que certo monge, pressentindo a morte chegar, pediu aos seus companheiros que lhe trouxessem a chave do céu: queria morrer agarrado a ela. Um companheiro saiu correndo e lhe trouxe a Bíblia, mas não era isso que o agonizante queria. Outro teve a ideia de trazer a chave do sacrário, mas também não deu certo. Foi então que alguém que conhecia melhor o doente foi buscar agulha e linha. Agarrado a esses objetos prosaicos, o irmão passou mais tranquilo para a vida eterna. Ele era o alfaiate da comunidade e sua chave para o céu era a atividade diária, carinhosamente realizada para servir aos seus irmãos.

A historinha nos leva a entender que o trabalho cotidiano do monge foi a verdadeira chave para ele entrar no céu. Com certeza, também devia ter rezado muito, meditado bastante, talvez jejuado nos dias certos e cultivado algumas dezenas de outras virtudes. No entanto, sabia muito bem que tudo dependia de como havia exercido o seu maior serviço na comunidade.

O caminho da santidade pode passar por momentos extraordinários, gestos de heroísmo, façanhas memoráveis. Passa, porém, em primeiro lugar, por aquilo que fazemos bem ou mal no dia a dia. Todos nós reconhecemos que, em nossa vida, é muito mais pesado o dever cotidiano do que alguns momentos de esforço, difíceis sim, mas passageiros.

É por isso que João Batista, o precursor, deu respostas diferentes para os diversos grupos de pessoas que lhe perguntavam: "O que devemos fazer?". Deviam partilhar as roupas e a comida que lhes estava sobrando, pois a solidariedade com os necessitados e carentes é o primeiro passo para iniciar uma nova vida, e sem desprendimento não há verdadeira conversão. Depois o profeta do deserto apontou escolhas diferentes para os cobradores de impostos que extorquiam o povo e os soldados que se aproveitavam demasiadamente da força e das armas. Assim, cada um deles, naquele tempo como também nós hoje, deveria encontrar o próprio caminho de conversão, a partir do lugar onde estavam. No entanto, adoramos apontar o que os outros deveriam mudar ou deveriam fazer para dar certo. Mais uma vez, é muito mais fácil criticar os outros, ou declarar como nos comportaríamos se estivéssemos no lugar deles, do que começar a corrigir e a melhorar a nossa própria vida.

Os exemplos não faltam. Muitos sabem perfeitamente o que fariam se fossem o presidente ou o governador e se esquecem de cuidar melhor das suas famílias e dos seus negócios. Mal conseguem administrar o próprio lar, o que fariam se tivessem maior responsabilidade? Nada muito diferente acontece na Igreja também. Quem nunca quis dar conselhos ao padre, ao bispo, ao papa?

Com toda razão, talvez, mas nem sempre quem distribui sentenças aplica os mesmos critérios para si mesmo.

Com isso não quero dizer que não podemos mais falar ou criticar. Ao contrário, a correção fraterna é evangélica e salutar entre amigos e irmãos. Quando, porém, a crítica é estéril ou é a descarga de mágoas, invejas e frustrações, ela não serve nem para quem a recebe nem para quem a dispara.

De acordo com nossas responsabilidades, cada um de nós tem muito a melhorar, simplesmente procurando cumprir bem o que se supõe seja o seu dever, ou, ao menos, o seu trabalho cotidiano. Assim os pais poderiam caprichar mais na educação dos seus filhos. Os educadores deveriam transmitir mais humanidade e amor à própria vida e a dos outros. Quem julga deveria julgar com justiça. Quem administra deveria fazê-lo com mais honestidade e lisura. Quem comunica deveria buscar a verdade e não o seu próprio interesse. Quem deve evangelizar também deveria fazê-lo com alegria, entusiasmo e competência, deixando de lado outras preocupações.

Todos precisamos mesmo nos agarrar às agulhas e às linhas de nossa vida. Fazer bem o que está ao nosso alcance, no dia a dia, sempre será a melhor chave para entrar no Reino do Céu, se isso ainda interessar.

# *Ah, é assim?*

Um mestre espiritual era famoso e venerado. Ele vivia como eremita no silêncio e na oração. Certo dia, uma moça de boa família, ao perceber que estava grávida, declarou publicamente que, apesar da aparente santidade, o responsável da sua condição era justamente o mestre. Logo que souberam da notícia, os moradores da vila ficaram enfurecidos. Encabeçados pelos parentes da jovem, subiram à montanha e, com gritos e ameaças, começaram a acusá-lo de ser o pai da criança. O mestre apenas respondeu: "Ah, é assim?".

Mais tarde, quando a criança nasceu, ele a pegou, alimentou-a e cuidou dela, dando afeto e carinho como se o filho fosse realmente dele. Cerca de dois anos depois, a mãe, vencida pelo remorso, confessou que o pai da criança não era o mestre, mas um jovem da aldeia. Com essa revelação, os moradores se sentiram envergonhados e, mais uma vez, encabeçados pelos familiares da jovem, subiram o monte. Dessa vez, para pedir desculpas com longas declarações de arrependimento por ter maculado o nome dele. "Ah, é assim?", foi só o que o mestre respondeu.

Homem de poucas palavras, o mestre da história. Todos nós bem sabemos: há silêncios que falam mais do que as palavras. Há palavras com sentido e outras inúteis e vazias. Há palavras que matam e palavras que elevam o espírito, dão ânimo e vida. Há palavras que constroem amizades e outras que afastam até os irmãos. Há palavras que gostaríamos de poder esquecer, arrependidos por tê-las dito ou entristecidos por tê-las ouvido, e outras que guardamos e repetimos para que fiquem para sempre na nossa memória.

O que dizer das palavras de Jesus? Ainda hoje os estudiosos discutem sobre as possíveis palavras originais dele. Para isso existem critérios e avaliações. O que mais interessa para nós, porém, é que tais palavras passaram pela vivência dos primeiros cristãos até serem escritas nos Evangelhos. Podemos acreditar que, de todas as palavras, ficaram não só aquelas que o Espírito Santo inspirou a que nunca mais fossem esquecidas, mas também as que a vida das comunidades experimentou serem decisivas para resguardar a própria identidade de seguidores do Senhor. Portanto, as palavras que nos foram transmitidas pelos Evangelhos não são somente um relato mais ou menos fiel das primeiras palavras de Jesus. Elas são, sobretudo, uma maneira de viver o próprio relacionamento com Deus e com os irmãos. São palavras de vida e sobre a vida para quem as acolhe com fé.

As palavras de Jesus, ainda hoje, continuam circulando nas comunidades dos seus amigos. São lidas e relidas, explicadas, meditadas, rezadas: ainda falam à inteligência e ao coração dos que buscam encontrar o Deus vivo que Jesus quis nos fazer conhecer. A ação do

Espírito Santo, que deu a "inspiração" aos evangelistas e às suas comunidades, continua a "inspirar" também a compreensão das palavras de Jesus. Como em uma obra de arte, uma pintura, uma escultura, uma música ou uma canção: o tempo passa, mas os sentimentos que inspiraram o que o artista se esforçou para transmitir renovam-se no coração dos que contemplam sua obra. Se os "efeitos" de uma verdadeira "obra-prima" chegaram até nós e ainda nos tocam, nos comovem e nos envolvem, por que não acreditar na força do Espírito Santo que, como Jesus prometeu, deverá nos lembrar para sempre de tudo o que ele mesmo ensinou?

É por causa de tudo isso que Jesus também pode afirmar que ele, o Pai e o Espírito Santo irão "morar", isto é, estar juntos e se tornar familiares na vida dos que ouvirem, guardarem e praticarem as suas palavras. São palavras vivas, atuais, de um Deus vivo que continua a falar para quem quer dar um sentido mais pleno à sua vida.

Para sermos cristãos melhores, deveríamos escutar mais a Palavra de Deus, deixar falar, mais do que todos, aquele que nos ama. Estamos enchendo o mundo e a nossa vida de sons e palavras que servem mais ao nosso orgulho do que à verdade; de opiniões que nos fazem sentir mais importantes do que realmente somos. Parece que estamos disputando com Deus, na ilusão de termos a "última palavra". Talvez seja o caso de dizer como o mestre da história: "Ah, é assim?", e praticar mais essa bendita Palavra.

# Aproveite a vida!

Um jovem foi ter com um rabi para saber dele o que devia fazer com a sua vida. Ora, o rabi sabia que o jovem vinha de uma família piedosa, cheia de zelo e muito religiosa. Por isso, chamou alguns dos seus discípulos e quis que o jovem repetisse em alta voz o seu pedido.

– Desejo que o rabi me dê instruções precisas sobre o que devo fazer e o que não devo fazer na minha vida.

O rabi respondeu:

– Aproveite a vida! Quando puder roube, mas não se esqueça de me trazer uma parte da pilhagem. Esqueça as suas obrigações; busque, o mais que puder, os prazeres da vida. Faça um esforço grande para sempre ganhar dos outros. Enfim: viva sem princípio algum. Só assim conseguirá realizar-se na vida!

O jovem, depois de ouvir esses conselhos, foi embora correndo. Passados alguns meses, o rabi perguntou aos seus discípulos se tinham alguma notícia do jovem. Os alunos responderam que ele estava conduzindo uma vida santa num país longínquo e que falava do rabi como se fosse Satanás em carne e osso. O rabi sorriu:

– Se eu lhe tivesse aconselhado uma vida virtuosa, com certeza teria obedecido, porque tudo isso ele vivia desde a sua infância. Ele estava procurando algo novo. Somente quando lhe propus algo de realmente diferente para ele, entendeu que o que desejava mesmo era viver na virtude, mas agora como escolha pessoal e não por simples costume.

– E o que dizer do que fala a seu respeito, como se fala de Satanás?

– O que ele diz a meu respeito não tem valor nenhum. As palavras voam com o vento. Quando chegar o momento, ele compreenderá o bem que eu fiz para ele.

Em resposta às perguntas sobre o que deveriam fazer (cf. Lc 3,7-14), muitas pessoas devem ter recebido o batismo de penitência que João Batista administrava e feito o propósito de mudar de vida. Algumas – poucas – devem ter permanecido fiéis à promessa. Outras – a maioria – devem ter esquecido ou encontrado uma desculpa, sempre razoável, para fazer o contrário. Nada de novo. Com isso, quero dizer que a resposta aos bons conselhos – e também aos mandamentos, se quisermos – não consiste simplesmente em formular um bom propósito. A resposta verdadeira acontece quando começamos a praticar o que afirmamos ser uma boa escolha. Para não ter de perguntar todo momento a algum mestre o que devemos fazer, precisamos, talvez de uma vez por todas, decidir por nossa conta, assumir nós mesmos a responsabilidade sobre o que queremos fazer. A incerteza é aceitável nos primeiros anos, quando os caminhos da vida nos parecem estar todos abertos.

Os pais sempre perguntam aos seus filhos o que querem ser quando crescerem. Nenhuma maravilha que as crianças e os jovens mudem de opinião ou também aceitem adaptar-se às reais possibilidades que a vida oferece. O mesmo vale para coisas pequenas, para as quais cada um tem direito de ter os seus gostos, sem prejudicar a si mesmo, a sua saúde e a vida dos outros. A moda e o consumo parecem apresentar opções quase infinitas. Se o cliente pergunta o que deve comprar, os próprios balconistas, prestativos, oferecem mil conselhos. O parecer é de graça, o produto não.

Voltamos às escolhas sérias, aquelas que têm também sérias consequências na vida. A profissão, a formação de uma família, a resposta a uma vocação religiosa, os princípios éticos e morais norteadores da nossa conduta não são coisas que se possam perguntar aos outros toda hora. Um dia teremos que decidir por nós mesmos e assumir a responsabilidade das nossas escolhas.

Podemos chamar a tudo isso de maturidade. Eu prefiro chamar de liberdade. Nem Jesus queria ou quer discípulos obrigados. Ao rabi da historinha pouco interessou ser chamado de Satanás; muito mais importante era a escolha livre do discípulo de percorrer o caminho da vida virtuosa. Perguntamos para saber, mas depois precisamos decidir.

# Assim como nós perdoamos

João Esmoler, patriarca de Alexandria, encontrou uma maneira simples para convencer um rico senhor a fazer as pazes com o seu inimigo. Certo dia, mandou chamá-lo com a desculpa de querer falar de negócios. Depois lhe pediu que ficasse para participar da Missa que, em seguida, ia celebrar na sua capela particular somente com a presença do sacristão. A este, o patriarca ordenou que, durante a oração do Pai-Nosso, silenciasse quando chegassem às palavras: "perdoai-nos as nossas ofensas". Quando chegou o momento, todos começaram a rezar o Pai-Nosso em voz alta, mas as palavras "perdoai-nos as nossas ofensas assim como nós perdoamos a quem nos tem ofendido" foram ouvidas somente na voz daquele senhor. O Santo João olhou para ele e disse: "Meu amigo, eu lhe imploro, reflita sobre o que acabou de dizer neste momento tão solene da celebração. Para ser perdoado deve também saber perdoar". Então o nobre jogou-se aos pés do santo e prometeu reconciliar-se com o seu desafeto.

Nos Evangelhos, Jesus é criticado porque dava atenção aos publicanos e pecadores. A parábola que ele conta para explicar sua atitude, na realidade, é formada por três parábolas. A mais conhecida é, sem dúvida, aquela dos dois irmãos, segundo a qual o mais novo sai de casa com a sua parte da herança, esbanja tudo e volta somente quando lhe faltam comida e dignidade. No entanto, todas as três parábolas nos apresentam dois momentos distintos: a dor da perda e a alegria do reencontro. O pastor sente a falta da centésima ovelha que se perdeu e não se aquieta até encontrá-la. A mulher que perdeu uma das dez moedas varre a casa toda até encontrá-la. Ambos chamam amigos e vizinhos para festejar. Também o pai da terceira parábola sofre pela saída do filho. Aos servos e ao outro filho repete que aquele que voltou "estava morto e voltou a viver, estava perdido e foi encontrado". Precisa fazer festa, uma grande festa. No entanto, este pai nos parece inerte. Não reagiu quando o filho deixou a família e não foi atrás dele depois. Não o ameaçou quando saiu, nem o repreendeu quando voltou. Ao contrário, foi ao seu encontro e o abraçou. Igualmente não obrigou o filho mais velho a entrar para participar da festa, simplesmente "insistiu" com ele; pediu, não mandou. Que pai é este?

Talvez esteja aqui o segredo do Evangelho e da maneira de Deus nos amar. O que parece fraqueza é a força de Deus. O que parece desistência é a bondade do Pai. Nós somos os filhos pecadores, desobedientes, ingratos, que esbanjam as riquezas recebidas. Somos também os filhos que não saíram da casa, mas lá permaneceram insatisfeitos, interesseiros, prontos a reclamar, julgando os outros, incapazes de entender o coração misericordioso do Pai.

O caminho que Deus escolheu para nos salvar não foi o caminho do poder e da imposição. Estes geram ódio, revolta, disputa. A aparente "inércia" do Pai tem o nome do Filho, tem a força da cruz. Jesus se colocou ao lado dos pecadores, ele que não tinha culpa, diz São Paulo (cf. 2Cor 5,21). Jesus mostra o rosto misericordioso do Pai, que quer ganhar a confiança dos seus filhos para que correspondam livremente ao seu amor. Somente assim os dois filhos podem reconhecer-se como tais. Sem a experiência da gratuidade e da liberdade do amor, a casa paterna não pode ser alegre e festiva. Se até os filhos se sentem como empregados, desejando fugir ou obrigados a ficar por medo do pai, esta casa paterna não acolhe, sufoca. O pai não quer filhos infelizes, sente compaixão por eles. Prefere esperar, aguardar, e fica olhando de longe, preparando o abraço do perdão. Quando o filho mais novo decide voltar, corre ao encontro dele. E quando o filho maior não quer entrar na festa, sai para suplicá-lo.

Somente Deus pode ser um Pai assim. Parece não fazer nada e faz tudo, porque ama e perdoa. É no silêncio do nosso coração que ele deixa ecoar as suas palavras de perdão. Aquelas que Jesus ensinou. Ele quer que aprendamos a ser irmãos e não inimigos, quer que vivamos a misericórdia e a compaixão. Tem música e barulho de dança. A festa do perdão vai ser inesquecível. Dá vontade de entrar, não dá?

# Como o ar que respiramos

Há muitas histórias sobre Jesus que ficaram fora dos Evangelhos aceitos pela Igreja. Uma delas conta que, certo dia, quando Jesus caminhava na beira do mar da Galileia, um discípulo aproximou-se dele e lhe perguntou:

– Senhor, como posso alcançar a Deus?

Jesus entrou na água com o discípulo e o empurrou completamente para baixo dela por bastante tempo, segurando a sua cabeça. Quando, enfim, o deixou emergir, perguntou-lhe:

– O que você experimentou?

– Senti a minha vida ir embora. Meu coração começou a bater em disparada. Eu estava louco para respirar e fugir dali.

Então o Senhor lhe diz:

– Você verá o Pai quando quiser isso com a mesma intensidade e força com a qual você desejou respirar e fugir, quando estava com a cabeça debaixo d'água.

Às vezes, deveríamos parar e avaliar um pouco a nossa vida de cristãos. Mudou alguma coisa ao longo do último ano? Podemos dizer que conhecemos melhor o nosso Deus para poder crer e confiar cada vez mais nele?

Ele, nosso Pai, está bem perto de nós. Quis se fazer conhecer pelas palavras e ações de Jesus, seu Filho, feito homem como nós, que "viveu em tudo a condição humana, menos o pecado, anunciou aos pobres a salvação; aos oprimidos, a liberdade; aos tristes, a alegria" (cf. Oração Eucarística IV). No entanto, sempre há algo de imprescindível para nos aproximar mais de Deus: o desejo de encontrá-lo para conhecê-lo mais! Não é Deus que se esconde ou se afasta de nós, somos nós que o procuramos pouco e o desejamos menos ainda. Temos muitas atrações neste mundo que motivam as nossas buscas, os nossos desejos e anseios. Gastamos muito tempo, muitas energias, forças e inteligência para alcançar as metas almejadas e realizar os nossos sonhos mais ambiciosos.

Estamos tão atarefados com tudo isso que, às vezes, acabamos nos esquecendo de Deus: deixamos de procurá-lo. Ele, porém, não desiste de vir ao nosso encontro e sempre nos espera, como fez o pai da parábola que, de longe, viu o filho querido voltar para casa e correu para abraçá-lo. Ainda assim, Deus respeita a nossa decisão. Por isso, é muito difícil encontrar quem não desejamos nem procuramos.

Estamos deixando Deus à margem da nossa vida, como se ele pudesse atrapalhar os nossos planos. Deveríamos caminhar com ele, ou melhor, deveríamos nos deixar conduzir por ele. Seríamos, assim, construtores do seu Reino – conscientes e felizes por colaborar com quem quer a alegria de todos, porque ama a todos e sempre se deixa encontrar por aqueles que o buscam de coração sincero.

Já deveríamos ter entendido que o Reino de Jesus não se compara com os reinos deste mundo, não funciona com as armas do poder nuclear ou econômico, mas sim com a força do amor e a luz da verdade. Assim Jesus falou a Pilatos: "Todo aquele que é da verdade escuta a minha voz" (Jo 18,37). É urgente reconhecer esta verdade, não podemos mais perder tempo. Somente Deus pode satisfazer os sonhos bons, os desejos bonitos e os grandes projetos verdadeiramente humanos e fraternos que ainda brotam em nosso coração quando decidimos, uma vez por todas, desistir das nossas maquinações de poder, ganância, opressão e injustiça. Ainda não entendemos que esses planos dividem a humanidade, causam as guerras, nos condenam a constantes disputas para provar quem é o melhor, mais esperto e poderoso entre nós. Continuam gerando morte, lágrimas e revolta.

Quantas vezes reclamamos que a vida é um sufoco? Precisamos respirar a plenos pulmões o ar puro do Reino do Senhor, reino de paz, bondade e união. Precisamos desejar isso com todo o coração, com a mesma intensidade de quando nos falta o ar de que precisamos para viver.

# Martinho Cabeça-Dura

Na saída do vilarejo, havia três estradas: uma conduzia ao mar, a segunda ia rumo à cidade e a terceira não levava para canto algum. O menino Martinho já tinha perguntado a muitos adultos onde aquela estrada acabava. "Em lugar nenhum", respondia o pessoal, "e você tem uma cabeça bem dura para ainda não estar convencido disso!". Assim Martinho foi apelidado de "Cabeça-Dura". Mas ele não desistia e estava sempre matutando. Perguntava a si mesmo e aos outros: "Como é possível? Quem fez a estrada devia saber aonde queria chegar!", e insistia: "Quem já foi lá para ver?".

Quando Martinho cresceu e pode se afastar mais de casa, tomou coragem e entrou decidido naquela estrada. "Agora eu vou saber!", repetia consigo mesmo. A estrada levava a uma mata bem fechada, mas ainda dava para continuar. Estava escuro, debaixo daquelas árvores, mas Martinho não desistiu. Estava cansado e com vontade de voltar, quando, de repente, apareceu um cachorro. "Se tem cachorro, tem gente", pensou alegre Martinho. Reanimado, não mediu esforços e seguiu o cachorro que caminhava à sua frente. Finalmente, viu um portão e atrás dele um jardim maravilhoso com um castelo lindo demais. Uma senhora muito bonita o acolheu com um sorriso e lhe disse: "Então, você acreditou!". Conversando, ela foi lhe mostrando a beleza do local e todas as riquezas nele guardadas. "Pode levar o que quiser", disse a bela senhora. "Vou lhe dar uma carroça para carregar o que escolher." Martinho não pensou duas vezes, encheu a carroça com muitas riquezas. Os cavalos já conheciam o caminho e o cachorro colaborava, correndo à frente. Rapidamente, chegou à praça do vilarejo, descarregou todos os presentes e se despediu do cachorro e dos cavalos, que desapareceram num piscar de olhos. O povo foi chegando. Martinho distribuiu quase tudo o que tinha trazido e teve que contar dezenas de vezes a sua aventura. Nos dias seguintes, muitos prepararam carroças e cavalos e se embrenharam naquela estrada, no entanto todos voltaram de mãos vazias e cabeça baixa. Aquela estrada não conduzia mesmo a lugar algum. Isso porque certos tesouros existem somente para quem acredita neles e é o primeiro a abrir um novo caminho. E o primeiro tinha sido Martinho Cabeça-Dura.

Sempre gostei desta história porque ela se parece muito com a nossa vida. Todos temos um caminho único e próprio a percorrer. Podemos ter inúmeros companheiros de viagem, mas somente nós podemos trilhar o caminho da nossa vida. Ainda podemos sair em grupo do mesmo lugar, mas os percursos são diferenciados. O que pode parecer fácil para alguns pode ser muito difícil para outros e vice-versa. Vivendo, cada um abre o seu próprio caminho. Alcançamos objetivos e realizamos projetos diferentes conforme as metas que sonhamos e que nos propomos conseguir com mais ou menos determinação, coragem e disposição. Na experiência de alcançar uma meta sonhada e desejada está a nossa alegria, por mais simples e humilde que ela seja. Podem ser os pequenos passos de uma criança que aprende a andar e a falar ou os resultados de trabalhos e esforços de uma vida inteira. A tristeza da existência humana é não ter meta nenhuma. Não sonhar com nenhum "tesouro" que valha a pena ser buscado e alcançado. Quanto maior for o bem desejado, maiores serão também as dificuldades para alcançá-lo, mas muito maior ainda será a felicidade quando chegarmos lá.

Quem acredita que a vida é um dom do amor de Deus só deseja encontrá-lo e fazer da sua existência um caminho para conseguir essa meta. Ele é o único tesouro que vale a pena buscar com todas as forças, acreditando e perseverando até o fim. Contudo ninguém alcançaria essa meta tão alta sem a ajuda de quem já sabe e está pronto para nos socorrer. Jesus se oferece para nós como "o caminho, a verdade e a vida" para chegar ao Pai. Cabe a nós liberar o caminho dos entulhos que nos impedem de acertar a meta. Para quem acredita e nunca desiste, a alegria será sem comparações. A fé nos pede mesmo uma cabeça bem dura.

# Muito mais alto

Toda sexta-feira, pela manhã, os fiéis de uma sinagoga sabiam que o rabino deles estava ausente. Não adiantava procurá-lo em casa ou no templo. Simplesmente sumia. Para onde ia ninguém tinha a menor ideia. Sobre isso, ele não falava. À tarde, voltava. Desconfiados com essa atitude do rabino, os fiéis decidiram descobrir seu segredo e colocaram uma pessoa de confiança para segui-lo. Queriam saber com quem ele se encontrava e, se por acaso, sendo um homem piedoso, se encontrava com o próprio Deus. Como tinham combinado, ao entardecer daquele dia, todos estavam reunidos antes que o rabino chegasse para a cerimônia do sábado.

"Então", perguntaram ao espião, "o nosso rabino subiu para o céu?". "Foi muito mais alto", respondeu o homem que o tinha seguido. Ele havia descoberto que o rabino, toda sexta-feira pela manhã, visitava uma senhora idosa e paralítica, limpava a casa dela, lavava a roupa e lhe preparava o almoço. Quando tudo estava em ordem, rezava com ela. Queria deixar a senhora contente. Finalmente voltava para casa e celebrava o sábado.

Mais uma história de bondade. O céu está mais perto do que pensamos. Quem ajuda o próximo está cada vez mais perto de Deus. É nesse sentido que entendo a passagem do Evangelho sobre a cura da sogra de Pedro (Mc 1,29-31). Depois sabemos que muitos doentes procuravam Jesus, a ponto de os discípulos dizerem: "Todos estão te procurando". Ele cura e segue para outras cidades, para anunciar o Evangelho, como declara.

Podemos dizer que Jesus cura e ensina, mas, se misturarmos um pouco as coisas, o resultado não muda. Ele ensina também quando cura e quando cura continua ensinando o Evangelho. Afinal, a boa notícia que Jesus veio nos comunicar é uma só: o amor de Deus Pai para com todos. Para anunciá-lo, Jesus não tem limites nem lugares privilegiados. Ele cura a sogra de Pedro dentro de casa; cura alguns doentes na frente da casa; outros na rua, andando; outros na beira da piscina; outros na sinagoga. A cura é o sinal de que algo de novo estava acontecendo: era o amor de Deus se manifestando, mas também era o ensinamento claro de um caminho novo: se Deus age assim, nós também devemos cuidar dos sofredores, devemos ser amorosos com quem precisa de conforto e ajuda.

Muitas vezes nós pensamos que ser cristãos seja obedecer a um monte de regras e normas. Talvez seja até mais fácil reduzir a fé a mero cumprimento de obrigações. Sentimo-nos fiéis por sermos obedientes e nos consideramos mais ou menos cristãos por causa disso. Quem não se encaixa no esquema ou se julga sem condições para cumprir todos os deveres acaba pensando não ter uma fé verdadeira e se autoexclui, muitas vezes, da comunidade cristã.

Com certeza, as regras e leis nos permitem orientar e organizar a nossa vida. Elas são necessárias porque, do contrário, viveríamos na confusão. Mas não podem e não devem escravizar; menos ainda nos afastar de Jesus.

Por essa razão, a primeira parte do Evangelho de Marcos é um grande anúncio da bondade de Deus manifestada em Jesus. Antes de propor o seu "novo" mandamento, a sua "nova" lei – que depois, sabemos, é a lei do amor a Deus e ao próximo –, Jesus quis revelar o grande e infinito amor do Pai. Amor que vai além das curas físicas ou psicológicas, porque quer nos libertar da pior de todas as doenças: o pecado.

Contudo, para dizer a verdade, nós não procuramos a cura para nossos pecados com o mesmo afinco como procuramos ficar bons das doenças que nos acometem ao longo de nossa vida. Convencer a humanidade de que o amor de Deus é necessário para a cura do pecado, raiz de todos os males, foi a difícil missão de Jesus. Após os primeiros tempos de sucesso, vieram as perseguições e a cruz. Mas Jesus nunca desistiu, foi até o fim. Ele tinha um segredo: retirar-se no deserto para rezar. Assim podia ficar a sós com o Pai. Estava na terra, mas o seu amor chegava ao céu na comunhão perfeita com o Pai, na força do Espírito Santo. Ali estava a fonte de toda a sua generosidade, fidelidade e obediência.

Que bom se nós também tivéssemos um segredo que nos aproximasse mais de Deus: a oração e o amor aos necessitados. Poderíamos "sumir" mais vezes, para fazer o bem, encontrar a Deus e o próximo no amor e na fé.

# O braço do crucifixo

Numa antiga catedral, pendurado a uma grande altura, há um enorme crucifixo de prata que possui duas particularidades. A primeira é a coroa de espinhos sobre a cabeça da imagem de Jesus: toda feita em ouro maciço e ornamentada de pedras preciosas. O seu valor é incalculável. A segunda é que o braço direito da imagem de Jesus está afastado da cruz e pende no vazio. Uma história explica o que aconteceu.

Muitos anos atrás, numa noite, um ladrão corajoso e com jeito de acrobata planejou roubar a esplêndida coroa de ouro e pedras preciosas. Amarrou uma corda numa das janelas ao redor da abóbada central, acima do crucifixo, e desceu por ela até a cruz. No entanto, a coroa estava solidamente fixada na cabeça da imagem e o ladrão tinha só uma faca para tirá-la. Enfiou a faca por baixo da coroa e começou a empurrar com todas as suas forças. Pelejou por muito tempo, suando e bufando. A lâmina da faca quebrou-se e a corda também se desprendeu da janela, não aguentando tanta agitação. O ladrão ia se espatifar no chão da catedral, quando, de repente, o braço da imagem de Jesus soltou-se e o segurou. Sorte grande a do ladrão! Na manhã seguinte, os zeladores da igreja o encontraram lá em cima, são e salvo, agarrado ao braço de Jesus. A história não revela mais detalhes, portanto não dá para conferir, mas acolhemos com simplicidade a mensagem.

Pouco antes da sua prisão e crucifixão, Jesus fala a seus discípulos sobre o grão de trigo que, para produzir frutos, deve morrer, pois de outra forma continuaria sendo apenas um grão de trigo (cf. Jo 12,24). É uma comparação clara para nos convencer a fazer da nossa vida um dom. Jesus garante que quem se apegar à própria vida, no final, irá perdê-la, mas quem a tiver doado com generosidade a conservará para a vida eterna. Mais uma vez somos chamados a tomar uma decisão sobre o nosso jeito de viver. Ser cristão é crer no Filho que o Pai enviou, com a graça do Espírito Santo, e viver seguindo o seu exemplo. O amor de Jesus foi até a cruz, portanto ele pode pedir uma resposta generosa de nossa parte porque ele nos amou até o último suspiro de sua vida terrena.

O Evangelho de João ainda nos diz que um grupo de gregos pede ao Apóstolo Filipe para "ver" Jesus. Talvez seja também a nossa legítima e, às vezes, angustiante curiosidade. No entanto, a resposta que ele nos dá ajuda a entender que apenas vê-lo não significa acolhê-lo e, menos ainda, amá-lo e segui-lo no caminho da cruz. Em outras palavras, parece-me que Jesus nos convida a passar de um conhecimento "intelectual" a um seguimento real e amoroso, aprendendo com ele a servir e não a dominar; a doar a nossa vida para o bem dos irmãos, em lugar de, quem sabe, aproveitar-nos deles ou até tirar-lhes o necessário para viver.

O nosso verdadeiro encontro com Jesus passa pela cruz. Somente quem consegue sair do seu egoísmo e compadecer-se pelos sofrimentos dos irmãos começa a perceber o quanto foi grande e gratuito o amor dele. De outra maneira, o que pensamos ser o nosso conhecimento sobre o Senhor não passará de discussões e debates feitos de palavras.

Jesus não nos salvou com teorias ou projetos mirabolantes, ele assumiu a nossa condição humana até a morte e nos mostrou o único caminho para uma verdadeira mudança. Quantos planos de reformas, bonitos e bem estudados, não saem do papel simplesmente porque ninguém quer renunciar a nada, porque todos querem manter os privilégios, disfarçados, às vezes, de direitos?

Parece impensável, vergonhoso e sinal de derrota perder alguma coisa. Perder algo, fique claro, para que outros possam ganhar em dignidade, saúde, felicidade e vida plena. Assistimos a uma disputa desenfreada para conseguir mais. Qualquer coisa serve: dinheiro, prestígio, poder, sem fim e sem limites. Jesus fala de "perder" não um pouco do nosso salário ou uma disputa eleitoral, mas de perder a própria vida, doando-a. Somente assim a encontraremos novamente, bem guardada, como um tesouro imperecível no céu.

Somos todos um pouco como aquele ladrão da catedral. Queremos a coroa de ouro exclusivamente para nós. Jesus nos segura em seus braços para nos salvar do abismo da ganância, que nos conduz ao esquecimento – que depois é a morte – do nosso próximo. Seguindo Jesus no caminho da vida oferecida, seremos abençoados por Deus e pelos pobres. Salvando a vida deles, salvaremos também a nossa para sempre.

# O cachimbo do perdão

*O* velho sábio da tribo sempre dava este conselho aos jovens fogosos e briguentos:

– Quando você estiver com muita raiva de alguém que o tenha ofendido tanto a ponto de querer lavar com sangue a vergonha da ofensa, antes de partir para matá-lo, pare! Sente-se e encha de fumo o seu cachimbo. Continue fumando. Quando acabar o "primeiro cachimbo", você provavelmente pensará que a morte do adversário seria uma punição demasiado grande para a falta cometida. Começará, então, a pensar que uma surra bem dada já resolveria a questão. Contudo, antes de apanhar a sua borduna e partir para espancar o inimigo, carregue o "segundo cachimbo" e fume-o tranquilamente. No final, provavelmente, estará convencido de que algumas palavras fortes serão suficientes para envergonhá-lo na frente de todos. Pois bem, quando estiver saindo para insultar aquele que o ofendeu, sente-se novamente, encha de fumo o "terceiro cachimbo". Com certeza, quando o fogo se apagar também a sua raiva terá esfriado e no seu coração terá surgido o desejo de buscar a reconciliação e a paz. O seu inimigo voltará a ser um amigo.

A historinha não é um incentivo a fumar. Apenas um caminho para não tomar decisões sob o impulso da raiva e do ódio. Quantas vezes queremos nos vingar de quem nos ofendeu, esquecendo quantas vezes nós também já fomos perdoados? Na oração do Pai-Nosso sempre repetimos: "Perdoai-nos as nossas ofensas assim como nós perdoamos a quem nos tem ofendido". Pedimos muitas vezes perdão a Deus, mas ainda não aprendemos a nos perdoar uns aos outros.

No Evangelho de Mateus, com a parábola do servo cruel Jesus nos lembra da grandeza de ânimo de quem sabe perdoar. Ele conta que um rei, ao qual um servo devia uma fortuna inimaginável, teve compaixão e perdoou-lhe a dívida. Este servo, porém, ao sair encontra um companheiro que lhe devia uma quantia irrisória e, sem paciência ou misericórdia, o manda jogar na prisão. Diante de tamanha malvadeza, os demais companheiros ficam tristes e o senhor indignado: aquele a quem foi perdoada uma dívida impagável não deveria ter perdoado uma dívida tão pequena? Pelo jeito, o primeiro devedor não aprendeu nada com a compaixão de seu senhor. Continuou exigente e mesquinho.

A parábola de Jesus apresenta dívidas de dinheiro, as quais, vamos ser sinceros, são as mais difíceis a serem perdoadas. Contudo, existem muitas outras afrontas e violências que machucam e marcam, às vezes para sempre, a nossa vida e a vida de nossa família. Chegamos a pensar que perdoar é um sinal de fraqueza e que a vingança esteja no pleno direito de quem foi prejudicado. A justiça humana também exige que os culpados sejam punidos, como forma de correção e alerta para outros não cometerem os mesmos crimes. O perdão dos ofendidos não vai contra a justiça, não deve ser confundido com a impunidade. Da mesma forma, a punição dos culpados não deve ser entendida como uma vingança, mas como uma medida educativa que incentive a convivência social pacífica e construtiva.

Entendo que falar é fácil, porém administrar a justiça com equidade e convencer os culpados a não praticarem mais os mesmos erros é um grande desafio para todas as sociedades de todos os tempos. É nessa visão de fraternidade e solidariedade que entendemos o perdão irrestrito que Jesus quer nos ensinar. O perdão não é somente uma nova chance, mas deve ser o começo de novos relacionamentos. Os dois devedores da parábola admitem a dívida, suplicam por paciência e um prazo maior para cumprirem a obrigação. O perdão liberta, para que ninguém se esconda do outro por medo de ser cobrado ou agredido pelo credor.

Com o perdão fraterno, deveríamos todos manifestar a nossa gratidão a Deus, que sempre está disposto a perdoar os nossos pecados. Se as ofensas nos afastam uns dos outros, o exercício e a virtude do perdão reaproximam as pessoas. É o que Deus faz quando nos abraça e nos acolhe novamente com a sua misericórdia. Para sermos mais irmãos, evitando as ofensas e praticando a justiça, não deveria ser necessário fumar tantos cachimbos da paz. Aliás, não deveria ser necessário nem mesmo um. Vamos aprender a pedir perdão, a perdoar e a viver a festa da reconciliação.

# O cacho de uva

Certo dia, um camponês se apresentou à porta de um convento com um maravilhoso cacho de uva. Quando o frade que estava na portaria a abriu, o camponês lhe disse sorrindo:

– Tome, quero dar-lhe o cacho de uva mais bonito da minha vinha.

O frade enrubesceu todo pela alegria daquele presente.

– Essa uva é para mim?

– Sim, é sua – insistiu o agricultor –, pela amizade e porque sempre me ajudou todas as vezes que eu lhe pedi alguma coisa.

O frade porteiro colocou o cacho de uva numa posição bem visível e, entre os afazeres, ficou admirando-o a manhã inteira. De repente, lembrou-se do abade e lhe veio a ideia de levar para ele o lindo cacho de uva. O abade ficou muito feliz, no entanto lembrou-se de que no convento havia um confrade doente e pensou: "Vou levar as uvas para ele, com certeza terá um pouco de conforto". Também não ficou muito tempo na cabeceira da cama do frade doente, porque, por sua vez, este pensou que o frade cozinheiro ficaria muito alegre recebendo as uvas, já que, coitado, ele passava o dia inteiro entre o fogo e as panelas. Porém, o frade cozinheiro levou o cacho de uva ao frade sacristão, que o levou ao frade mais novo do convento, que achou por bem doá-lo a outro frade. Por fim, passando de um frade para outro, o cacho de uva voltou inteiro para aquele que estava na portaria. A alegria que o cacho de uva lhe trouxe foi bem maior do que quando o tinha recebido pela primeira vez das mãos do camponês.

Nas histórias tudo pode acontecer. Não sei se existe mesmo um convento onde as coisas funcionam desse jeito, mas pode ser também que existam muitos lugares onde algo semelhante aconteça. A partilha fraterna é possível, quando esquecemos o nosso egoísmo e deixamos prevalecer a generosidade.

O livro dos Atos dos Apóstolos fala que os primeiros cristãos viviam unidos e colocavam tudo em comum. Encontravam-se nas casas, partiam o pão e tomavam a refeição com alegria e simplicidade de coração. Sobretudo isto chama a minha atenção, porque não posso deixar de pensar nas nossas famílias.

Não adianta sonhar outro mundo. Para muitos, hoje, a vida está se tornando uma correria, cheia de afazeres e estresse. Devido ao trabalho, ao estudo, aos compromissos, aos diferentes interesses, às amizades, cada membro da família organiza os seus horários. É muito difícil conciliar tudo isso. Às vezes, a cozinha é um tumulto, outras um deserto. Pior ainda quando os vários aparelhos de televisão dividem a turma, conforme os gostos e as gerações: cada um assiste ao seu programa preferido, com o seu prato na mão. Onde ficaram a alegria de estar juntos e a simplicidade de coração que nos leva a dar atenção uns aos outros?

Sei que não é fácil. Contudo estou convencido de que a convivência familiar depende de cada um de nós. Não pode ser uma mera obrigação de algumas ocasiões durante o ano ou uma cobrança de alguns aos outros. As coisas forçadas ou formais podem funcionar algumas vezes, mas não aguentam o dia a dia. A convivência familiar, o diálogo entre as gerações, a liberdade de falar e o gosto de ouvir a opinião dos demais devem nascer do coração.

Todos nós temos sempre algo a dizer e muito a aprender. Podem ser os primeiros passos e as descobertas de uma criança, como também a sabedoria de um idoso. Pode ser a fala questionadora de um jovem, ou a reflexão de um pai ou de uma mãe que luta para educar os filhos, buscando dar o melhor exemplo possível. A comparação pode parecer banal, mas a sabedoria da vida – e da fé – se aprende aos poucos, como o alimento necessário, todos os dias. Em nossa casa, na mesa, junto com a comida, podem ser partilhados também os sentimentos, as alegrias e as tristezas, os sonhos e os desafios, as angústias e as esperanças. A não comunicação é sinal de não comunhão. Achar que não interessa aos outros nada do que estamos passando é sinal de falta de confiança. Em lugar do amor, experimentamos o medo de sermos julgados. Assim guardamos tudo só para nós. É a solidão num mundo cheio de gente. A alegria e a simplicidade de coração são bens muito preciosos para as nossas famílias. Vamos buscá-los e preservá-los.

Não é muito diferente na Igreja. O sinal da Eucaristia – a fração do pão – é, ao mesmo tempo, o encontro com Jesus e com os irmãos. O Jesus verdadeiro só pode unir, nunca dividir. Ele quer que experimentemos a comunhão para poder levá-la à nossa família e ao mundo inteiro. No amor fraterno, é possível continuar a "ver" Jesus presente e vivo ainda hoje.

# O caminho mudou?

*T*odos os dias, um homem descia a uma profunda mina para extrair sal e levava consigo uma lanterna. Uma tarde, enquanto voltava de um túnel escuro e perigoso, sua lanterna caiu e se apagou. No começo, o homem pensou que não haveria problema. Fazia aquele percurso há tantos anos! Achava que com ou sem lanterna dava no mesmo. Podia até fechar os olhos, pois sabia tudo de cor. Chegou a pensar que, sem lanterna, tinha algo a menos para carregar.

Deu tudo errado. Logo que começou a dar os primeiros passos, um dos pés caiu na valeta onde corria água. Retirou o pé às pressas e imaginou que estava se esquivando da vala. Caiu na água. Levantou a cabeça e bateu nas pedras que estavam acima. "Como pode? Será que a caminho mudou?" – disse a si mesmo. Experimentou se mexer mais um pouco, tentou avançar engatinhando. Batia contra as paredes e acabou todo arranhado. Logo reconheceu que, naquela escuridão, estava completamente perdido. Nenhum ponto de referência funcionava mais. Parou de vez. Esperou com paciência que alguém, percebendo a sua falta, fosse resgatá-lo com uma lanterna.

Pode ser uma história inventada ou um caso da vida. Com certeza, todos experimentamos muita insegurança quando ficamos na escuridão. A luz, por mais fraca que seja, faz muita falta. Podemos pensar, lendo os textos do Evangelho, que os samaritanos erraram em não acolher Jesus (cf. Lc 9,51-62). Falaram mais alto os preconceitos e as divisões religiosas. Eu gostaria, porém, de chamar atenção sobre os "conselhos" que Jesus dá, se é que podemos chamá-los assim, aos que querem segui-lo.

Antes de falar da coragem e da determinação na decisão de sermos discípulos do Senhor, precisamos entender o que está em jogo. Muitos de nós achamos que a fé não serve para quase nada. Pensamos que é mais um peso a carregar na vida. Isso acontece quando entendemos o nosso "ser cristãos" mais como um conjunto de obrigações enfadonhas e atrasadas do que um real e empolgante projeto de vida. No entanto, quem acolhe a luz da fé começa a enxergar as coisas e os casos da vida com um olhar diferente. Permitam-me chamá-lo de olhar "libertador".

É isso que Jesus pede a quem quer segui-lo. Quem está atrás de riquezas, posição social, prestígio, logo ficará decepcionado. Jesus não tem onde deitar a cabeça. Assim também quem quer esperar que aconteçam outras coisas, e deixa a resposta ao chamado para depois, acaba sempre encontrando uma desculpa. Não é o pai, ainda vivo, que atrapalha a generosidade do possível discípulo, mas sim o seu deixar sempre para depois. Para outra ocasião. É a famosa próxima vez que nunca chega. Assim também Jesus reclama dos que põem a mão no arado, mas depois continuam a olhar para trás, pois desse jeito ficam sem rumo. A vida abre-se à frente deles, mas eles olham em outra direção. Nunca se sabe se estão decididos mesmo, ou se ainda estão pensando no que fazer. O olhar deles revela claramente essa indecisão. Fazem parte daqueles que se arrependem de ter começado a seguir Jesus e gostariam de voltar atrás. Existem também aqueles que não entenderam, ainda, o valor da escolha que fizeram. Tomaram uma decisão, no entanto parece que o que deixaram para trás continua sendo demasiado atraente. Nem todos conseguimos, como São Paulo, chamar de "lixo" o que não escolhemos. Isso não por falta de respeito ao mundo e às suas coisas, mas, simplesmente, porque descobrimos algo bem mais valioso.

É por isso que falei de libertação. São tantas as amarras, as correntes e as raízes que nos prendem! Quebrar ou cortá-las é sempre sofrido. Toda decisão é sempre renúncia de outra. Pensando bem, todos escolhemos, no final, aquilo que consideramos melhor. Para alguns o melhor é não acolher Jesus, como os samaritanos. Para outros, é buscar riquezas materiais. Há ainda os que consideram melhor esperar, deixando sempre a vida para depois. Enfim, para alguns, o melhor é o que ficou para trás e, por isso, vivem arrependidos ou com saudade.

O melhor mesmo é cuidar para que a luz da fé não se apague nunca. Será com essa luz que viveremos novos relacionamentos com os bens, a família, os irmãos e o próprio Jesus. Sejamos agradecidos se ainda mantemos essa luz acesa. Não ficaremos perdidos e saberemos sempre para onde estamos indo.

# O começo

$U$m mestre perguntou aos seus discípulos quando e como, no entender deles, a noite havia acabado e o dia estava começando. Um respondeu: "Quando enxergo um animal de longe e consigo distinguir se é uma vaca ou um cavalo". "Não", disse o mestre. Outro discípulo falou: "Quando olho uma árvore de longe e consigo saber se é, ou não, uma mangueira". "Você também está errado", declarou o mestre. "Então, como podemos saber quando a noite acaba e o dia começa?", perguntaram os discípulos. "Quando olhando nos olhos de um homem qualquer conseguimos reconhecer nele um irmão. Quando olhando nos olhos de uma mulher qualquer reconhecemos nela uma irmã. Se não conseguimos fazer isso, ainda estamos na noite, mesmo se o sol estiver alto no céu."

Difícil não concordar com o mestre da historinha. Relacionar-nos bem com os outros e considerá-los merecedores da mesma dignidade, valor e respeito não é coisa simples. Menos ainda enxergá-los e aceitá-los como irmãos e irmãs. Sempre teremos mil desculpas para não fazer isso. Seja pelo fato de não os conhecermos realmente e seria imprudente confiar neles, seja porque, no fundo, nós gostamos de ter algum privilégio. Se nos olhássemos mais como irmãos e irmãs não precisaríamos de tantas placas identificando as filas e vagas especiais para idosos, pessoas com deficiência e gestantes. Por exemplo, deveria ser espontâneo e comum ver um jovem ceder o assento para um idoso. No entanto, precisamos criar leis, porque a simples e boa educação, a solidariedade e a generosidade estão cada vez mais escassas. Numa sociedade de gente apressada, preocupada apenas com os seus afazeres e o que lhe interessa, até aguardar o semáforo parece um grave incômodo: mal abre o sinal e já estão buzinando. A luz do dia, que nos permite ver os outros como irmãos e irmãs, ainda deve chegar.

O Evangelho de Lucas nos conta o encontro de Maria com sua parenta Isabel (cf. Lc 1,39-56). Tudo é alegria! Tudo é louvor! A idosa, considerada estéril, agradece pelo filho inesperado e a jovem canta a grandeza de Deus, sua justiça, bondade e fidelidade. Cada uma teria mil razões para, sozinha, alegrar-se ou se vangloriar pela própria situação. No entanto, elas preferem partilhar entre si as maravilhas que Deus está realizando. Ver coisas boas – e não somente defeitos – nos outros é o primeiro sinal de uma humanidade renovada, de uma fraternidade que começa a vencer as divisões, os preconceitos, os rancores e as disputas. Partilhar alegrias e sofrimentos, saber exultar sem inveja as conquistas dos outros e saber consolar nas horas da provação são, também, consequências de novos relacionamentos humanos, mais ricos de compaixão e ternura. Maria e Isabel serão sempre um exemplo e um incentivo para nós. Elas se sentem filhas amadas do Pai, por isso não podem deixar de agradecer juntas por tão grandes dádivas.

Nós também queremos agradecer pelo exemplo de fraternidade e louvor a Deus que os religiosos e as religiosas nos dão; cada um e cada uma vivendo com dedicação e perseverança, conforme o jeito da própria família religiosa, na caridade e na oração. Os votos de pobreza, castidade e obediência são feitos livremente e, entendemos, motivados por alguma razão que consideram tão valiosa, que vale a pena deixar outras coisas, também importantes, como a família, a profissão e as próprias posses.

Dos três votos, porém, talvez o mais difícil seja a vida comunitária. Os religiosos e as religiosas não escolhem com quem viver. Obedecem e vão aonde são enviados, partilhando a vida com quem estiver junto na casa. O compromisso é justamente viver da maneira mais exemplar possível a fraternidade e a comunhão. Cada comunidade religiosa gostaria muito de ser um exemplo de novos relacionamentos humanos, na busca de uma convivência alegre e amorosa, não por razões de parentesco ou de interesse, mas, simplesmente pela alegria de todos crescerem nas virtudes humanas e cristãs.

Foi e sempre será essa busca de uma nova humanidade que atraiu e atrai novos membros para a vida religiosa. É um grande desafio mostrar que Deus ainda transforma corações e temperamentos, conduzindo os que se deixam conduzir rumo à nova humanidade apresentada por Jesus com perfeição em sua vida terrena. Cada comunidade religiosa, grande ou pequena, esforça-se para ser uma pequena luz indicando o começo de um grande e luminoso dia de fraternidade e de amor universais.

# O discípulo do avarento

Certa vez um homem avarento ouviu falar que havia outro homem muito mais avarento do que ele. Decidiu, então, ir à casa dele, com a intenção de tornar-se seu discípulo. O costume exigia que o novo aluno levasse um presente para o mestre. Assim, ele levou uma bilha de água e dentro colocou um pedaço de papel cortado na forma de um peixe. O grande avarento, porém, não estava em casa e foi a mulher dele que acolheu o novo discípulo. "Eis um peixe, humilde presente do vosso novo aluno", disse o recém-chegado. A mulher do avarento recebeu o peixe e agradeceu. Mandou o novato sentar-se e depois lhe trouxe uma xícara vazia, convidando-o a tomar o chá. Em seguida, após ter tomado o chá, a mulher do avarento desenhou dois círculos no ar e o convidou a comer um doce. Justamente naquele momento estava entrando o grande avarento e, vendo a mulher desenhar os dois círculos no ar, gritou irritado: "Que desperdício é esse? Dois doces? Meio círculo era mais do que suficiente!".

A avareza é terrível. Quem tem a doença supervaloriza o que é dele e despreza o que é dos outros. Nunca se desfaz de coisa alguma e vive com o pavor de ser roubado. Pode parecer rico, mas, no final, é um pobre infeliz. Possui muitos bens, mas não quer usá-los porque, de fato, são os bens que mandam e desmandam nele.

Isso é só um exemplo. Outras situações nos parecem favoráveis e, por elas, muitas vezes agradecemos à vida, mas, na realidade, podem ser armadilhas ou correntes que nos prendem, cegando nossos olhos e amarrando nosso coração. É a situação de certos ricos que fazem coincidir a felicidade deles com o tamanho das suas riquezas. Na mesma ilusão podem cair os que estão na fartura. Pensam que nunca vai lhes faltar coisa alguma. Também os que vivem correndo atrás das diversões, do prazer e da adrenalina podem estar equivocados. Rir é bom, mas rir sempre pode ser uma moléstia grave. Pior ainda são os que sempre querem ser elogiados, querem sempre ser os vencedores. Nunca admitem uma crítica ou que lhes seja encontrado um defeito. Acostumaram-se aos aplausos. O silêncio ou o descaso ao redor deles os faz sentirem inúteis. Caem no desespero. Para tentarem sair, são obrigados a criar ilusões, a vender promessas, a planejar cada vez mais coisas maiores, sempre insatisfeitos, mas fartos das suas próprias palavras retumbantes. São obrigados a rir para não chorar. São obrigados a fazer barulho para não ouvir os gritos dos excluídos. Devem manter a fachada brilhante, para que não seja descoberta a farsa. Fazem de conta que estão alegres.

Se acreditarmos que "quem avisa amigo é", devemos entender que Jesus, pronunciando os famosos "ais" e opondo-os às bem-aventuranças não quis ameaçar ou amedrontar. Ele quis alertar os que vivem somente atrás da riqueza, da fartura, de festas e sucesso. Todas essas situações podem mudar pelas próprias circunstâncias da vida, mas somente quem percebe o quanto são ilusórias procura se libertar, buscando a verdadeira felicidade. A turma dos "gozadores" só pode sair da rede traiçoeira na qual caiu se começar a se interessar pelos pobres, pelos famintos, pelos que choram e aprender a dar ouvido à boa notícia anunciada pelos verdadeiros profetas da paz, da justiça e do amor. Só com a partilha e a fraternidade ficaremos livres dos sofrimentos causados pela falta do necessário, pela injusta distribuição dos bens da terra, pela confusão dos valores.

As palavras de Jesus continuam ecoando. Cabe a nós cristãos provar que acreditamos nelas, praticando o que ele ensinou. Cada um de nós deve refletir sobre o seu jeito de juntar e gastar o dinheiro. Deve avaliar se aprendeu a consolar e a enxugar as lágrimas dos que sofrem. Deve provar com a sua generosidade que acredita que "há mais alegria em dar do que em receber" (cf. At 20,35). Também os ainda muito grandes problemas sociais devem ser olhados do mesmo ponto de vista. A ganância, o desperdício, a desonestidade e a exaltação de alguns não podem prejudicar o bem-estar, a segurança e a qualidade de vida da maioria.

Não basta traçar dois círculos no ar para dizer que é um bolo. Precisamos aprender a produzi-lo de verdade e a oferecê-lo de coração até que o sorriso da esperança apareça no rosto dos excluídos da vida. Não é possível sempre fazer de conta que somos todos felizes.

# O grito da coruja

Uma coruja encontrou uma codorniz que lhe perguntou:

– Aonde vai? Vejo que está de mala e cuia.

– Estou viajando para o Oriente – respondeu a coruja.

– E por quê? Pode-se saber? A senhora não está se dando bem por aqui?

– O povo da vila odeia o meu grito agudo. Por isso resolvi ir embora.

Então a codorniz observou:

– O que você deveria fazer era mudar o seu grito agudo. Se não consegue fazê-lo será indesejada em qualquer lugar.

Pertinente a observação da codorniz. Poderá a coruja mudar o seu grito estridente? Provavelmente não, porque o grito faz parte da natureza dela. Mas nós, seres humanos, podemos nos indagar sobre o que está ao nosso alcance mudar e o que carregaremos a vida inteira como parte de nós mesmos. Talvez seja essa a pergunta fundamental que nos fazemos todas as vezes que ouvimos a Palavra de Deus falando de "conversão".

Assim gritava João Batista no deserto, convidando os contemporâneos dele a mudar de vida, a preparar-se, porque o Reino dos céus estava próximo. A pregação dele era uma advertência e um convite à mudança. Nós também sempre somos convidados a nos converter, a melhorar a nossa vida.

Não estou falando, evidentemente, de cirurgias plásticas. Hoje, com dinheiro, é possível mudar quase tudo em nosso corpo. Ao menos o que se vê por fora. Não existe, porém, cirurgia para mudar os sentimentos, as ideias, as emoções e as convicções de uma pessoa. Somente cada um de nós pode mudar algo da própria vida, mas é necessário que a pessoa queira e assim decida. Já entendemos: existem mudanças que os outros podem fazer em nós. No entanto as mais profundas, as que poderíamos chamar de espirituais, as que norteiam o nosso agir, lutar e amar, as que dão mais sentido e mais gosto a nossa vida dependem exclusivamente de nós. Ninguém pode nos substituir, a não ser que abramos mão da nossa consciência e da nossa liberdade.

Para mudar algo da nossa vida precisamos ter uma motivação. Em geral, queremos mudar quando estamos insatisfeitos ou, ao menos, achamos que há algo de errado em nós. Nesse caso, podemos mudar por ambição, por interesse ou por cálculo. Isso acontece muito nos nossos relacionamentos. Infelizmente, nessa sociedade tão competitiva, a vida está se tornando um jogo de espertezas, onde as palavras e as atitudes são condicionadas pela opinião dos outros, mais ainda pela impressão que oferecemos aos chefes, aos poderosos de turno, àqueles cuja intimidade nos gratifica. Nesse caso, é muito difícil distinguir a sinceridade do oportunismo. Se a motivação é interesseira, mudaremos continuamente, mas só nas aparências, conduzidos pelos ventos do momento. Melhor desconfiar dessas conversões.

O segundo passo da mudança é esclarecer a nós mesmos o que queremos mudar. É nessa busca que entram em cena os modelos de vida que temos na cabeça e no coração, e as pessoas que nos convidam à mudança. Por exemplo, um conselho – dado na hora, pela pessoa e da maneira certas – pode mudar o rumo da vida de outra pessoa. No entanto, o contrário também é verdadeiro. Alguém pode nos iludir e nos conduzir por caminhos dos quais, mais à frente, nos arrependeremos. Todos os dias temos bons e maus exemplos. Precisamos discernir, saber até onde nós podemos ir, para construir o nosso caráter, a nossa personalidade. Em todos os casos, a verdadeira conversão exige empenho, vontade e metas claras. De outra maneira, desistiremos, cansaremos de lutar para mudar, perderemos de vista as razões que justificam a nossa conversão.

Podemos nos questionar sobre o que estamos aguardando, de verdade, na nossa vida. Se for apenas mais dinheiro ou uma mais importante posição social, nossa conversão terá sido para aproveitar mais das oportunidades da vida. No entanto, se queremos algo mais profundo, como a unidade da nossa família ou relacionamentos mais amigáveis e sinceros, nossa conversão exigirá mais humanidade, afabilidade e compreensão.

Se, enfim, queremos encontrar a Deus com mais confiança e alegria, nossa conversão nos levará a dar mais atenção à sua Palavra e refletir mais, a reconhecê-lo nos gestos simples e fraternos. Teremos que aprender a olhar a vida e as pessoas com o olhar de Deus. Aprender a amar sempre, a perdoar pelo bem não feito e pelo mal recebido, como Jesus nos deu o exemplo.

# O homenzinho e o mundo

Numa casinha muito pequena, sem sacadas nem janelas, morava um homenzinho. No telhado, ele havia instalado todo tipo de antenas de televisão. Com toda aquela parafernália, ele conseguia captar os programas de todas as emissoras do mundo inteiro. Por causa disso, o homenzinho nunca saía de casa. "Por que deveria sair?", ele dizia a si mesmo. "Tenho o mundo inteiro dentro casa. Daqui eu posso ver, ouvir, saber tudo o que acontece."

O nosso amigo tinha adquirido o costume de assistir à televisão desde criança. Não lembrava o momento ou o dia no qual, em sua casa, a telinha tivesse sido desligada. Do mesmo jeito, não se lembrava das cantigas de ninar de seu pai e sua mãe. O homenzinho tinha crescido assim: na companhia da televisão. Nem por isso estava triste; ao contrário, ficava cheio de orgulho, pensando conhecer tão bem o mundo e tudo o que nele acontecia. Um belo dia, ouviu baterem à porta de sua casa e, quando a abriu, viu à sua frente alguém que lhe dizia:

— Dá licença, posso entrar?

— Mas o senhor quem é? — perguntou o homenzinho aborrecido.

— Como? O senhor não me reconhece? Eu sou o mundo.

Isso mesmo, ali estava o mundo querendo entrar, mas o homenzinho não se deixou convencer.

– Não fale bobagem – respondeu e fechou a porta na cara do desconhecido.

Com efeito, o mundo era tão diferente de como ele o via na televisão que não o havia reconhecido.

Quantas vezes nós construímos uma ideia sobre uma pessoa e chegamos a pensar conhecê-la o suficiente ou até muito bem? Na realidade, conhecer alguém de verdade não é nada fácil. É preciso tempo, convivência, muito diálogo e, com certeza, também atenção e carinho. Se a pergunta de Jesus que encontramos no Evangelho – "E vós, quem dizeis que eu sou?" (Lc 9,20) – fosse endereçada a nós, o que responderíamos?

Hoje poderíamos pesquisar na internet, opção que Pedro não tinha naquele tempo... Mas quem disse que lá iríamos descobrir a resposta certa? Talvez encontrássemos uma afirmação correta para um programa de perguntas e respostas, mas dificilmente uma explicação capaz de mudar nossa vida e nosso coração. O próprio Evangelho sugere os passos que devemos dar para conhecer Jesus de verdade.

Primeiro, encontramos algumas palavras confusas e, depois, a declaração de Pedro: "O Cristo de Deus", ou seja, o Messias salvador. Jesus não diz que a resposta está errada, mas a questão é outra: que tipo de Messias será Jesus? Poderoso e esmagador de inimigos? Ele mesmo responde que será, sim, o salvador, mas através do sofrimento da cruz – nada de força, dominação e sucesso. Pedro, que talvez achasse ter acertado, insiste. Jesus responde dizendo-lhe que não pensa como Deus, mas como os homens. Aqui está a primeira derrota de quem pensava já ter descoberto o grande segredo de Jesus. Ainda estamos muito longe.

Eis os outros passos: somente pode confiar num Messias crucificado quem também aceita passar pela cruz. Sem pensar em situações extraordinárias (que não buscamos, mas que, todavia, sempre podem acontecer em nossa vida), carregar a nossa cruz pode significar simplesmente ser fiéis aos valores do Reino de Deus, aqueles que o mundo proclama esvazia e desvirtua. Por exemplo, a justiça: todos a querem, desde que lhes seja favorável e lhes dê lucro. A paz? Absoluta, contanto que esteja sob o controle do poder ou das armas. A solidariedade? Uma maravilha, com a condição de que não exija a renúncia a privilégios e regalias.

Terceiro passo: somente pode entender a cruz de Jesus quem tenha experimentado, ao menos um pouco, a loucura do amor que doa a própria vida. Quem se agarrar à vida por medo de perdê-la, no fim, ficará sem nada. Aqueles, porém, que souberam fazer da própria vida um dom, a salvarão, porque a entregaram nas mãos de Deus, amando-o e servindo-o na pessoa de seu próximo.

Quem diz conhecer Jesus, mas não o segue no caminho da cruz, quem não quer renunciar aos projetos de poder para amar e servir, e não sabe ser generoso abrindo o coração aos pobres e pequenos, de fato ainda está muito longe de compreender quem ele é de verdade. Para conhecer Jesus é preciso estar onde ele esteve: no meio do povo que luta para sobreviver, de joelhos, lavando os pés dos pobres, no Calvário junto aos sofredores e excluídos da vida.

Jesus nunca será um quadro de parede, um show de televisão, uma pesquisa de internet. Se ficarmos somente nisso, quando ele bater à porta da nossa vida, não o reconheceremos e poderemos deixá-lo fora de nossa vida para sempre. Uma pena...

# O pagador de promessas

Certa vez, um homem cheio de problemas financeiros e judiciais prometeu solenemente que, se eles fossem solucionados, venderia a sua mansão e doaria o dinheiro conseguido com a venda para a Igreja. Graças a Deus, as coisas foram melhorando e todas as questões foram resolvidas. Nessa altura, porém, ele não queria mais se desfazer de tanto dinheiro. Começou a pensar em como pagar a promessa sem ter tanto prejuízo. Colocou a casa à venda por uma moeda de ouro, mas, junto com a casa, o comprador deveria também adquirir o cachorro que lá estava e que o dono tinha avaliado em dez mil moedas de ouro.

Poucos dias depois, apareceu uma pessoa disposta a comprar a casa e o cachorro. O comprador pagou tudo direitinho. Assim, o vendedor deu a moeda de ouro para a Igreja, que era o preço da casa, e ficou com as dez mil moedas de ouro que era o preço do cachorro. Promessa é promessa.

Uma história de dívidas, mentiras e enganos. Não muito diferente da situação na qual se encontrou Jesus no Evangelho (cf. Lc 7,36-50). De um lado temos um fariseu, rico, todo preocupado com as aparências e o cumprimento da Lei, incapaz de ver além dos gestos exagerados da prostituta que chorava ajoelhada aos pés de Jesus. Um fariseu tão fechado na sua pureza que nem passou por sua cabeça que Jesus pudesse enxergar aquela mulher não como uma pecadora pública, mas como uma filha de Deus, carente de misericórdia e não de julgamento. Um fariseu que devia ter convidado Jesus mais por curiosidade ou desafio do que por querer aprender com ele. Com efeito, apesar de todas as normas a respeito das purificações, ele não havia oferecido água para lavar os pés de Jesus, não tinha derramado óleo na cabeça dele, nem oferecido o beijo da saudação. Simão devia, sem dúvida alguma, desconfiar de Jesus. Acolhê-lo em casa já era muito, podiam denunciá-lo ao Conselho dos Anciãos por aquilo que estava fazendo. Passar por amigo dele? Nem pensar! Não valia a pena manchar a sua reputação.

Do outro lado está a mulher pecadora. Ela não tinha nada a perder. Era conhecida demais na cidade e muitos daqueles hipócritas, que a condenavam de dia, eram seus clientes na escuridão da noite. Sua intuição feminina lhe garantia que Jesus não a expulsaria. Assim, jogou-se aos seus pés, chorando lágrimas de libertação. Algo lhe dizia que podia confiar naquele homem que todos chamavam de profeta. Os seus pecados eram grandes demais para continuar guardando-os somente na sua consciência. Quantas vezes havia se desesperado com a sua situação! A morte por apedrejamento era um risco constante, talvez um castigo merecido pelas famílias destruídas, pelos jovens seduzidos, pelo dinheiro sujo adquirido com a venda do seu corpo. Ninguém mais a olhava como uma pessoa. Era um objeto desejado, que se oferecia a quem pagava melhor. Não havia saída para sua vida, até aparecer aquele homem que falava de perdão e vida nova.

É nessa situação que Jesus conta a parábola dos dois devedores, e ainda pergunta a Simão quem ficou mais feliz com o perdão da dívida. "Aquele ao qual perdoou mais!", responde o anfitrião. Ao menos isso ele havia entendido: a gratidão daquele a quem foi perdoada uma quantia muito grande. A mulher estava consciente dos seus pecados, por isso mostrou muito amor a Jesus. O fariseu não; por achar-se perfeito, sem precisar de perdão nenhum, perdeu a oportunidade de fazer a experiência de receber a misericórdia e a de oferecer o perdão. Estava tão orgulhoso e seguro da sua superioridade em relação à pobre mulher, que não amou nem se deixou amar pelo coração misericordioso de Jesus. Ela, a condenada, a sem valor, ficou feliz. Ele, o famoso Simão, deve ter se envergonhado por ter acolhido tão mal a Jesus. Talvez tenha ficado com raiva pela liberdade e a autoridade com a qual Jesus cumpria os seus gestos e oferecia perdão a quem o pedia arrependido.

Perdemos o senso do pecado. Não pedimos mais desculpa de nada e a ninguém. Não sabemos mais perdoar e raramente pedimos perdão. Vendemos cachorros caros para enganar e não dar aos outros o que tínhamos prometido. Desse jeito, ninguém aparecerá para nos agradecer, não teremos nem lágrimas nem perfume para derramar.

# O presente da amizade

Muitos anos atrás vivia na Pérsia um rei que amava o seu povo. Para conhecê-lo melhor, ele tinha o costume de misturar-se no meio das pessoas com os mais variados disfarces. Um dia sentou-se numa esquina e assim conheceu um homem que varria as ruas. Cada dia o rei voltava, partilhava as humildes refeições e conversava longamente com o gari. Dessa forma o pobre acabou gostando do amigo desconhecido. Após muitos dias, finalmente, o rei decidiu revelar-lhe a sua verdadeira identidade e pediu que escolhesse um presente que pudesse guardar como lembrança dele. O homem o olhou espantado, depois disse: "O senhor deixou o seu magnífico palácio para vir aqui, partilhou a minha vida difícil e a minha miséria. A outros poderia ter dado valiosos presentes, mas a mim o senhor deu a si mesmo. Portanto, peço-lhe somente uma coisa: de não me excluir nunca mais da sua amizade".

A historinha deveria servir para nos lembrar do valor da amizade e do sentido verdadeiro do amor. Um presente pode ser simples e modesto ou sofisticado e caro; porém só tem sentido e valor quando é acompanhado pela sinceridade do afeto, do agradecimento e da amizade. Quando um presente é oferecido por pura formalidade ou por interesse, pode ser usado, exibido, divulgado, mas vale por si mesmo, não pelos sentimentos da pessoa que o doou, porque não os leva consigo.

Cada presente "representa" alguém. Se for uma pessoa querida, terá grande valor; se for alguém desconhecido ou pouco familiar, dirá bem pouco a quem o recebe. Tudo isso para lembrar que, afinal, oferecendo presentes damos, em primeiro lugar, um pouco de nós mesmos, dos bons sentimentos que o carinho por aquela pessoa suscita em nós.

Nas grandes festas ao longo do ano, e em especial no Natal, devemos nos perguntar sempre o que ficará de tantos momentos bonitos vividos e de tantos bons sentimentos que surgem em nosso coração. Trocamos presentes, assim como os Magos abriram seus tesouros e ofereceram ao Menino os dons simbólicos do ouro, do incenso e da mirra. Ouro porque Jesus é Rei, incenso porque é a presença visível de Deus, mirra porque irá doar a sua vida na cruz. Também Herodes queria encontrar o Menino. O que lhe teria oferecido? Medo, raiva, inveja? Ainda bem que esses "pacotes" nunca foram entregues. Tomara que nenhum dos "presentes" que recebemos e oferecemos no Natal sejam embrulhados com esses maus sentimentos.

Deus continua a nos oferecer tantos dons! Todos exclusivos, fora de comércio e sem chance de troca. Agradecemos pouco e nem sempre usamos as dádivas recebidas para fazer algo de bom. Contudo, o mais precioso dom de Deus foi ele mesmo, por ter decidido partilhar a nossa condição humana e as nossas limitações. Ele sempre nos aguarda numa esquina da vida para nos oferecer novamente a sua amizade. Companheiro de caminhada, peregrino em busca de quem sofre, consolador dos aflitos, pronto para nos dar perdão, paz e esperança.

Peçamos ao Senhor que nunca nos exclua da sua amizade, que é o seu maior e inestimável presente. Ele quer ficar sempre conosco. Somos nós, às vezes, que o esquecemos, o trocamos, o desprezamos. Que ele nos perdoe por nossa superficialidade. Nunca é tarde, porém, para nos reaproximarmos dele e oferecer-lhe um pouco da nossa pobreza em troca do seu inesgotável amor.

# O príncipe e o mendigo

Um príncipe, saindo um dia a passeio, passou bem perto de um mendigo que lhe pediu uma esmola dizendo: "Faça a caridade a um pobre irmão". O príncipe parou, olhou o pobre e disse: "Eu não tenho irmãos pobres". O mendigo replicou: "Nós somos todos irmãos em Jesus Cristo". O príncipe deu-lhe uma moeda de ouro. E assim fez por dez dias seguidos. No décimo primeiro dia, o príncipe resolveu disfarçar-se de mendigo e passando perto do outro disse-lhe: "Faça a caridade a um pobre irmão". O verdadeiro mendigo respondeu com raiva: "Eu não tenho irmãos". Então o príncipe se revelou como tal e respondeu: "Entendi... Você é irmão só de príncipes". E pegou de volta as dez moedas.

Antes de partir para o Pai, Jesus anunciou que o Espírito Santo ficaria sempre com seus discípulos e amigos (cf. Jo 14,12-31). Podemos dizer assim que esse é o "dom dos dons" ou, se preferirmos, o dom que dá sentido e força a todos os outros dons. Hoje se fala muito dos dons do Espírito Santo, também conhecidos como "carismas". São Paulo, nas suas cartas, fez muitas listas desses dons. Nós poderíamos também juntar ainda outros, não porque os inventamos, mas simplesmente porque tudo o que recebemos de qualidades e capacidades, a começar por nossa própria vida, pela fé e pelo amor, é algo que ganhamos pela bondade de Deus.

Em outras palavras: se tudo o que temos e somos é dom de Deus, também tudo isso deveria ser colocado a serviço dos nossos irmãos. Deveríamos saber doar o que recebemos como dom. Afinal, fazer da nossa existência um "bom" dom para os outros é seguir de perto os passos do Mestre Jesus, que não poupou a própria vida. Nós também deveríamos usar para o bem o que somos e temos.

Nem sempre é assim, porém. Se usarmos os dons recebidos exclusivamente para a nossa vantagem ou para a de alguns escolhidos, estaremos aproveitando somente parte das possibilidades que temos. Quanta inteligência é usada só para proveito próprio ou, muitas vezes, para enganar os outros menos espertos? Quanta bondade fica trancada entre as paredes de uma casa, pela incapacidade de sair para doá-la aos outros? Quantas vezes a nossa generosidade não consegue sair do nosso grupo, dos nossos amigos, dos que gostamos, como se os outros não existissem e não precisassem também ser amados?

Somos bons, mas não amamos bastante. Selecionamos tanto a quem devemos amar que no fim reduzimos a quase nada o nosso amor. Desconfiança? Medo? Ou talvez porque não queremos partilhar o que temos? Ainda não entendemos a beleza e a riqueza do dar e receber por amor.

Isso acontece também nas nossas paróquias, comunidades, grupos e movimentos. Se quiserem interpretá-lo assim, é um apelo que eu faço. Há muita bondade e muitas capacidades entre nós. Há criatividade, fartura de arte, de oração fraterna. Temos muitas ideias e propostas que poderiam mudar muita coisa ao nosso redor, se fôssemos mais unidos. Mas tudo isso não sai de nossa casa, do nosso grupo, do círculo fechado das mesmas pessoas. Quem tem algo bom deve saber doá-lo também aos outros. Deve aprender a caminhar com os outros, num intercâmbio de dons, no diálogo, na paciência, na comunhão. Não podemos nos fechar somente no nosso grupo de "amigos", que pensam como nós, nos agradam e nos fazem sentir bem. Existem também os outros, com e para os quais vale o mesmo.

Os dons crescem e se multiplicam quando são partilhados. Dando bom exemplo estimulamos os outros. Oferecendo uma boa palavra enriquecemos quem estava precisando. Mas também escutando o que outros dizem e conhecendo o que os outros fazem aprendemos sempre alguma coisa nova. Ficamos felizes com as coisas boas que sabemos fazer, porém deveríamos também nos alegrar com o bem que outros fazem.

É fácil ser amigo de príncipes para pedir ou exigir. Precisamos aprender a ser amigos, também, dos outros mendigos para dar e trocar um pouco do que recebemos. Com certeza descobriremos que todos nós somos mais ricos do que pensávamos e, ao mesmo tempo, carentes de aprendizado. Os dons oferecidos enriquecem a todos. Mendigo continua sendo aquele que não sabe doar nada ou muito pouco.

# O que deveria pedir mais?

Archibald Joseph Cronin, famoso escritor escocês, narra em um de seus livros o diálogo entre um médico, recém-chegado àquele lugar, e uma enfermeira que trabalhava duramente a serviço do povo, no mesmo distrito, havia muitos anos. A mulher tinha mais de cinquenta anos. Não era bonita, mas, diz o médico, o seu sorriso era aberto e sincero. Nos casos mais difíceis, a sua presença dava segurança ao doutor, até então, com pouca experiência. Por longos vinte anos, a enfermeira havia sido a única pessoa a cuidar da saúde daquele povo. Todo dia, de bicicleta, ela dava uma volta de quase vinte quilômetros para conferir a saúde das pessoas. Sem contar as noites, quando era chamada com urgência. Ela estava sempre pronta a atender e tinha uma palavra de conforto para todos. Nunca estava cansada demais para não responder aos chamados e nunca destratava os doentes. Aquela senhora era amada e respeitada por todos. Apesar do seu incansável trabalho, o médico sabia que o salário dela era muito baixo. Assim, uma noite, após estafante jornada de trabalho, o doutor perguntou à senhora: "Por que não pede um salário melhor?". "Tenho o que preciso para viver", respondeu a mulher. "Não, não", continuou o doutor, "a senhora deveria ganhar mais. Deus sabe se a senhora merece ou não ganhar muito mais do que recebe!". Após um momento de silêncio, a mulher voltou a falar: "Doutor, se Deus sabe o que eu mereço, o que deveria pedir mais? Para mim, somente isso é o que vale!". A conversa terminou ali. O médico concluiu que a enfermeira tinha uma vida bem mais cheia de sentido do que a dele, sempre preocupado com salário e carreira. Aquela humilde e pobre enfermeira era mais rica de amor e humanidade do que ele. Ela enxergava mais longe. E sentiu um pouco de vergonha.

O Evangelho nos apresenta duas irmãs, Marta e Maria, uma superatarefada nos afazeres domésticos e a outra aparentemente desocupada e comodamente sentada aos pés de Jesus, escutando as suas palavras (cf. Lc 10,38-42). Como sempre, podemos ler e entender de maneiras diferentes a atitude das duas mulheres, discuti-las e contrapor uma à outra. De fato, Jesus chama a atenção de Marta, agitada e ocupada com "muitas coisas", embora uma só seja necessária. "Coisa" que, parece, Maria tinha escolhido e que não lhe seria tirada.

A nossa atenção, portanto, deve estar concentrada no entender e no guardar a "única coisa necessária". O que será mesmo esta "coisa"? Segundo o Evangelho, a resposta é fácil: acolher a palavra de Jesus que, no final, corresponde a acolher ele próprio, sempre a nos falar e a se propor para nós como caminho, verdade e vida.

Dito isso, devemos concluir ser esse o jeito para encontrar a única coisa necessária na vida: ficar sentados aos pés de Jesus ouvindo as suas palavras? Também não. Jesus nos deixa livres para vivermos como quisermos, mas mostra como o verdadeiro conflito ou contraposição surge da dificuldade de fazer a melhor escolha entre tantas opções. A busca mais difícil da nossa vida não é simplesmente optar por um trabalho ou uma condição social, mas encontrar algo que possa unificar o que fazemos e o que somos; algo que dê sentido à nossa vida, independentemente do lugar onde estamos, da tarefa que executamos, ou se estamos ocupados na oração e na escuta da Palavra de Deus. A única razão pela qual optamos fazer determinadas coisas e não outras.

O que devemos encontrar é o rumo da nossa existência. Uma resposta satisfatória, não restrita a uma ou outra atividade, mas capaz de preencher o nosso coração. Isso corresponde a dizer que nenhuma profissão ou missão, em si mesma, esgota o sentido da vida; sempre pode ser uma tarefa a cumprir, talvez com capricho e dedicação, com competência e generosidade, mas não basta. A paz do coração se alcança por outro caminho, que vai além das circunstâncias, do sucesso ou da posição social alcançada. Todo o nosso agir deve ter um sentido mais profundo, uma resposta mais livre a um chamado bem maior, feito a todos, grandes e pequenos, famosos e desconhecidos, muito além do que ganhamos ou alcançamos materialmente e, se formos honestos, que nunca nos satisfaz plenamente. Deve ser algo que vá além das honrarias humanas, dos altos salários ou, também, da exclusão ou do desprezo, quando parecemos ter fracassado na vida.

Precisamos nos sentar mais aos pés de Jesus para escutar e entender a proposta dele. Ainda encontramos tempo para isso? Está em jogo o reconhecimento do único e unificador sentido da nossa vida. Algo que salário nenhum compensa, como a alegria de servir aos doentes da enfermeira do romance de Cronin, que a fazia feliz.

# O resgate

Após um naufrágio, o único sobrevivente agradeceu a Deus por estar ainda vivo e ter conseguido se agarrar à parte dos destroços para poder ficar boiando. Esse único sobrevivente foi parar numa pequena ilha desabitada e fora de qualquer rota de navegação. Apesar da solidão e das dificuldades, o homem não se desesperou e agradeceu novamente. Com muito esforço, conseguiu juntar algum material e construiu um pequeno abrigo para poder se proteger da chuva e dos animais. Lá também guardou os poucos pertences que tinha conseguido salvar. Quando conseguia um pouco de comida sempre agradecia ao Senhor. Um dia, porém, ao entardecer, voltando da busca de alimentos, encontrou sua barraca em chamas. Tudo estava perdido. Desta vez ficou desesperado. Chorou e gritou a Deus: "Por que o Senhor fez isso comigo?". De tanto gritar e chorar acabou adormecendo de cansaço. Ao amanhecer do dia seguinte, foi despertado pela presença de alguns marinheiros que lhe disseram: "Viemos resgatá-lo". "Mas como vocês souberam que eu estava aqui?" "Pela fogueira que o senhor acendeu ontem à noite", responderam-lhe.

É uma pequena história bem conhecida que nos fala dos momentos na vida que são verdadeiras incógnitas e nos dão a sensação de ter perdido o controle da situação. Contudo, na maioria das vezes, as coisas vão se ajeitando e abrem-se possibilidades antes impensadas. Com certeza, já experimentamos que para começar algo de novo é necessário mesmo que, de uma maneira ou de outra, o velho desapareça. Só acontecem mudanças verdadeiras quando temos coragem de jogar fora tudo aquilo que não nos deixa seguir adiante e crescer.

Evidentemente não estou falando de descartar pessoas. De jeito nenhum. Estou falando daqueles costumes, vícios, ideias, relacionamentos que estão enraizados tão fortemente em nossa vida, em nosso dia a dia, que achamos impossível sair dessas situações. Pensamos que por ser assim, sempre o será. Acomodamo-nos na mediocridade ou mesmo no erro. Chegamos até a gostar porque pensamos que poderia ser muito pior. Às vezes é o nosso relacionamento com uma pessoa, muito perto de nós, que esfriou e se transformou em rotina. De repente essa pessoa nos deixa para sempre. Aí descobrimos quanto nos faz falta e quanto erramos ao não valorizá-la como merecia. Foi preciso perdê-la para reconhecer o bem que nos fez por tantos anos. Não podíamos ter renunciado aos nossos preconceitos, ao nosso orgulho e aberto mais o nosso coração? Talvez, agradecido mais? Ah, se pudéssemos recomeçar tudo de novo!

O mesmo vale também em relação a Deus. Alguns acham impossível uma reaproximação. Já decidiram que não têm fé, que não adianta. De fato pararam de buscar, desistiram de questionar-se. Poderiam dar a volta por cima, com mais humildade e disposição, mas não querem, porque seria preciso renunciar às envelhecidas convicções. Outros se consideram pessoas de muita fé, simplesmente por terem conservado alguns costumes cristãos, por terem algumas imagens de santos em casa ou por serem amigos de algum padre. Nesse caso, a fé existe, mas parou no tempo. Fossilizou-se em alguns gestos dos quais essas pessoas nem se lembram mais do sentido. Se quisessem, valeria a pena recomeçar, com mais entusiasmo e mais alegria. O verdadeiro Deus é sempre surpreendente. Nunca o conhecemos como mereceria e como ele gostaria de ser compreendido e amado.

Esses pensamentos podem nos ajudar a aprender a acolher o Senhor sempre de novo, a nos converter e renovar, o que necessariamente exige alguma renúncia de nossa parte. Jesus quer nos ajudar, quer nos salvar do mal que está enraizado em nós. Precisamos, porém, fazer uma fogueira com tudo o que não presta na nossa vida para chamar a atenção dele e para provar que queremos mudar de verdade. Maior será a fogueira, mais facilmente ele chegará até nós.

# O rosto de Deus

Um homem tinha decidido dedicar toda a sua vida aos outros. Visitava doentes, socorria necessitados, sempre ajudava quem precisasse. Todos os seus dias estavam cheios de ações de generosidade e caridade. Certa vez, porém, encontrou uma pessoa que o parou e lhe disse:

– Amigo, tem certeza de que a sua caridade não é egoísmo? Talvez, satisfazendo as necessidades dos outros você satisfaça primeiramente o seu orgulho.

– Os meus esforços são sinceros – replicou o homem –, eu quero mesmo ajudar.

– Talvez você tenha se esquecido de Deus! Acha mesmo que vai resolver os problemas do mundo inteiro? – insistiu o desconhecido.

De fato, o homem quase nunca pensava em Deus, porque não tinha tempo, de tão ocupado que estava cuidando dos necessitados. Tocado por essas palavras, o homem largou tudo, retirou-se para um lugar deserto e, na solidão e no silêncio, dedicou-se completamente à meditação e à contemplação. Certo dia, no entanto, passou por lá uma pessoa. Parecia alguém conhecido, mas antes que pudesse reconhecê-lo o estranho investiu com palavras duras:

– O que você faz aqui sozinho? Fala com Deus? Não se acha muito privilegiado? Não está vendo as milhões de pessoas com fome, doentes, machucadas à beira das estradas da vida?

O eremita começou a chorar porque entendia todas as razões daquele que estava falando, mas quando levantou a cabeça ele já havia desaparecido. Então seus olhos se abriram. Viu os lírios dos campos que nem fiam e nem trabalham, mas Deus os reveste de beleza incomparável. Ao mesmo tempo, viu o bom samaritano tomando conta do ferido na estrada de Jericó, o único a parar entre os tantos que passavam por ali indiferentes. Resolveu voltar para o mundo e decidiu dedicar a noite à oração e à adoração de Deus, enquanto durante o dia se entregava a todo tipo de caridade, sem limites ou preferência. Foi assim até o fim da sua vida. Quando entrou no Paraíso e viu o rosto de Deus, teve a impressão de que era o mesmo semblante daquele desconhecido que o tinha ajudado a encontrar o caminho certo da sua vida. Também os pobres que socorreu pareciam ter o mesmo rosto de Deus.

Admiramos a generosidade, o sim incondicional de Maria ao projeto de Deus. Com ela queremos aprender a meditar a Palavra e a guardar no coração os acontecimentos através dos quais o Senhor sempre nos revela o seu amor. Com ela também esperamos um dia participar da alegria do céu. Com Maria, enfim, nós todos, pequenos e humildes servos, queremos cantar as maravilhas que o Senhor faz quando nos deixamos guiar por seu coração amoroso e por sua vontade libertadora.

Foi e sempre será olhando para Jesus e Maria que muitos irmãos e irmãs decidem responder, livremente, ao chamado para entrar na vida religiosa. Vamos então refletir, rezar e agradecer pelas vocações religiosas, de maneira especial pelos religiosos e religiosas presentes e atuantes em nossa diocese.

São muitas as formas com as quais se apresenta a vida dos Irmãos e das Irmãs consagrados. De fato, a diversidade da vida religiosa é a mais clara manifestação dos dons ou carismas que o Divino Espírito Santo sempre suscita ao longo da história humana, que é também a história do nosso encontro com Deus salvador. Cada um de nós tem dons pessoais. São as nossas capacidades recebidas gratuitamente e que, se quisermos, podemos colocar generosamente a serviço dos outros na família, na profissão, assumindo responsabilidades dentro e fora da Igreja. Igualmente existem dons que são dados a grupos inteiros de pessoas.

Assim nasce e cresce a vida religiosa na sua maravilhosa variedade. Ao redor de uma pessoa ou de um pequeno grupo, reúnem-se outros buscando realizar um serviço específico na Igreja, na sociedade ou, simplesmente, ajudando-se uns aos outros para crescer na santidade.

Riqueza, sucesso, afirmação individual e muitas outras coisas que o mundo nos leva tanto a desejar não combinam com a vida religiosa. Esta se entende somente à luz da parábola do homem que vendeu tudo para adquirir o campo com o tesouro do Reino e do único e decisivo mandamento do amor a Deus e ao próximo. Por amor a Deus, os religiosos servem e amam os pobres, fazendo das suas vidas um louvor ao Senhor da vida. É o "como eu vos amei" de Jesus que motiva a vida religiosa e o "sim" de Maria que encoraja a superar a fragilidade humana.

# O único sermão

*H*á muitos anos um frade foi a uma igreja e fez o seu primeiro sermão. Repetiu-o na segunda semana. Continuou na terceira semana sem mudar uma palavra. A comunidade dos fiéis começou a não gostar. Toda pregação é enjoada por si só, mas aquele homem estava exagerando: repetia sempre as mesmas coisas, palavra por palavra! Depois do quinto sermão igual aos outros, os fiéis escolheram um representante para ir ter com o frade e protestar:

– O que está acontecendo? – questionou o devoto. – O senhor tem só um sermão para pregar?

– Não – respondeu o frade –, tenho muitos outros.

– Então, por que está nos cansando sempre com a mesma pregação?

O frade respondeu:

– Porque vocês não fizeram nada. Se não começarem a agir conforme o meu primeiro sermão, não posso passar ao segundo. Por cinco vezes repeti a mesma coisa e não fizeram nada. Se continuar assim, não vou mudar para o segundo sermão.

Aos poucos, a comunidade dos fiéis começou a desertar. No entanto, o frade estava sempre lá, repetindo a sua homilia, mesmo quando não havia mais ninguém a escutá-lo. As pessoas passavam longe da igreja, mas as palavras do frade ressoavam, muitas vezes, fora das paredes. Parecia uma obsessão, uma desgraça. O frade, vez por outra, parava um fiel na rua e perguntava:

– O senhor já fez alguma coisa a respeito do meu primeiro sermão?

Foram obrigados a amordaçá-lo e a retirá-lo da cidade. Mas era tarde demais. No fundo do coração deles estavam brotando as sementes do primeiro sermão. Quando os primeiros frutos surgiram, porém, o santo frade já estava muito longe.

Repetir coisas é cansativo. Enjoa quem repete e quem escuta. Pode virar rotina e nos faz perder o sentido das palavras e dos gestos. Com isso, facilmente somos levados a desprezá-los, parecendo-nos cansativos, velhos e enjoados. Já as novidades nos fascinam e atraem. Contudo deveríamos aprender a fazer algumas distinções entre o que é mesmo inútil repetir e o que precisa ser repetido até a exaustão, porque temos muito ainda a melhorar.

Certos valores devem ser repetidos justamente para não serem esquecidos, para nunca desistirmos de buscá--los. A repetição alia-se à insistência e à perseverança. Mais ainda, quando quem insiste acredita no seu pedido e está convencido da bondade e do valor da sua súplica.

Com a parábola do juiz corrupto e da viúva, que consegue aborrecê-lo com sua insistência (cf. Lc 18,1-8), Jesus quer nos ensinar a nunca desistir da oração. Não está falando, portanto, de qualquer insistência e de qualquer pedido, mas da súplica de quem espera algo de bom e correto. A viúva pede justiça a quem deveria fazê-la acontecer. Pede, incansavelmente, àquele que tem poder e força de satisfazer o seu pedido. Se até o juiz injusto acaba fazendo a coisa certa, isto é, a justiça, quanto mais o próprio Deus. Ele saberá satisfazer os pedidos dos que o invocam dia e noite.

Jesus nos ensina a força da oração, a força da perseverança e a bondade de Deus. Nem sempre e nem todos nós, porém, acreditamos que o Pai bondoso atende aos pedidos dos seus filhos. Temos muitas dúvidas, assim como temos também muita vontade de desistir, por acharmos inútil continuar. Jesus nos convida a acreditar e a confiar sempre. Por isso, a insistência torna-se uma prova de fé e esperança, mesmo se os acontecimentos nos parecem dizer o contrário. É que o amor-justiça do Pai não deve ser medido ou julgado por nós somente, com os nossos critérios humanos e limitados. Deus tem à sua disposição um tempo que dura a eternidade e um amor que não tem fim.

Se o amor-justiça é a resposta de Deus, o que cabe a nós é a insistência. Esta revela que acreditamos no que pedimos, no seu valor para a nossa vida. Assim, o que buscamos norteia a nossa existência, torna-se compromisso, lutamos para que também se torne realidade. Pedimos o que queremos conseguir, o que já começamos a construir. Esses bens, por serem grandes como a paz e a própria justiça, por exemplo, são, ao mesmo tempo, dons de Deus e fruto do nosso querer. Isso porque Deus não quer nos dar o que nós não queremos ou o que desistimos de pedir por considerarmos pouco importante. Nós precisamos fazer a nossa parte, como a viúva insistente, e os frutos começarão a aparecer.

Assim poderemos passar finalmente ao segundo sermão. Não porque cansados do velho ou pelo gosto da novidade, mas por ter dado um passo à frente, por ter alcançado o que buscávamos com afinco. Graças a Deus e à nossa perseverança!

# Os frutos

Um homem, que buscava a sabedoria, resolveu subir numa montanha onde se dizia que a cada dois anos Deus aparecia. Durante o primeiro ano, alimentou-se com aquilo que o lugar lhe oferecia. Depois, tudo acabou e, não tendo mais nada para comer, teve que voltar para a cidade. "Deus foi injusto comigo!", exclamou. "Será que ele não viu que esperei todo esse tempo para ouvir a sua voz? Mas agora estou com fome e vou embora sem tê-lo escutado." Naquele momento apareceu um anjo, que lhe disse: "Deus teria gostado muito de poder falar com você. Por isso o alimentou um ano inteiro. Esperava que você mesmo providenciasse os seus alimentos para o ano seguinte. Mas o que você plantou durante o primeiro ano? Se um homem não produz nenhum fruto no lugar onde mora, como pode pensar em estar pronto para falar com Deus?".

Eis uma pequena história para ajudar, espero, na compreensão de duas parábolas sobre o Reino de Deus que encontramos no Evangelho. A primeira nos lembra de que os frutos da terra são também o resultado da própria natureza que cumpre as suas leis. De noite, quando o agricultor dorme, o trigo continua crescendo. A segunda parábola é aquela, bem conhecida, do grão de mostarda. Por ser tão pequeno, não inspira nenhuma confiança; acontece, porém, que, ao crescer, se torna a maior de todas as hortaliças, oferecendo sombra e abrigo aos pássaros (cf. Mc 4,26-32).

Podemos aproveitar ambas as parábolas para entender melhor o jeito "novo" do Reino de Deus, que Jesus veio anunciar e iniciar e que, antes de tudo, é um dom oferecido gratuitamente. Não pode ser medido pelas aparências. Exatamente o oposto das duas grandes tentações que sempre nos atraem.

A primeira é a tentação da grandeza. Julgamos o valor e o resultado das coisas pelo tamanho das construções, pela riqueza acumulada, pelo número dos participantes. Claro que tudo isso nos empolga e nos faz sentir importantes. O sucesso sobe à cabeça de qualquer um; também porque junto com os invejosos sempre aparecem muitos bajuladores que nos enaltecem mais do que merecemos. Como sempre, é a tentação do orgulho que nos cega e ensurdece. Contra essa tentação, Jesus nos alerta a medir as coisas mais pela paciência que pelos resultados imediatamente visíveis e que recompensariam nossa dedicação.

Por outro lado, se o Reino é "dom" de Deus, por que nos esforçarmos tanto? Esta é a segunda tentação: esperar que Deus faça a parte dele – e ele a faz com certeza – sem nenhuma colaboração ou participação de nossa parte, só aguardando para ver se tudo vai ser tão bom como foi prometido. Nesse caso, são a preguiça e a indiferença que tomam conta da nossa vida de cristãos.

Resumindo os dois extremos: temos cristãos que medem as "coisas" de Deus com as mesmas medidas das coisas humanas, isto é, com a régua do sucesso, da fama, da grandeza. O Reino, porém, cresce em outras dimensões: no amor, na paz e na justiça, por exemplo. Cresce, sobretudo, no coração dos que têm fé. Temos também cristãos que não ligam para nada, cobram e exigem de Deus sem nenhum compromisso pessoal e concreto. Mas gratuidade não significa absolutamente acomodação e inatividade.

Em ambos os casos, a nossa participação deve ser ativa e confiante. É verdade que o trigo cresce também de noite, quando o agricultor repousa. Contudo, cabe ao agricultor a colheita, para que o campo possa continuar a produzir mais frutos. Pensando bem, a humildade e a gratidão deveriam ser os primeiros "produtos" da colheita. Outros podem ser a partilha e a solidariedade, para não cair no pecado do rico tolo que só pensava em aproveitar das riquezas acumuladas (cf. Lc 12,16-21).

Sempre teremos pelo que agradecer e sempre teremos que trabalhar. Os frutos sempre serão, ao mesmo tempo, um dom de Deus e uma busca incansável de nossa parte. Não deve acontecer como ao homem que queria ouvir a Deus; aproveitou da fartura encontrada, mas esqueceu de plantar para o futuro. O Reino de Deus sempre será dom e compromisso: nunca será só um presente para preguiçosos e acomodados. Menos ainda para os orgulhosos.

# Os loucos

*O* escritor e poeta Khalil Gibran nos oferece esta bonita reflexão sobre o louco.

No pátio de um manicômio encontrei um jovem com o rosto pálido, bonito e transtornado. Sentei-me junto a ele sobre a banqueta e lhe perguntei:

– Por que você está aqui?

Olhou-me com olhar atônito e me disse:

– É uma pergunta pouco oportuna a tua, mas vou respondê-la. Meu pai queria fazer de mim um retrato dele mesmo, e assim também meu tio. Minha mãe via em mim a imagem de seu ilustre genitor. Minha irmã me apontava o marido, marinheiro, como um modelo perfeito para ser seguido. Meu irmão pensava que eu devia ser idêntico a ele: um vitorioso atleta. E mesmo meus mestres, o doutor em filosofia, o maestro de música e o orador, eram bem convictos: cada um queria que eu fosse o reflexo de seu vulto no espelho. Por isso vim para cá. Acho o ambiente mais sadio. Aqui pelo menos posso ser eu mesmo.

Os Evangelhos nos apresentam a figura de João Batista como o mensageiro, o precursor (cf. Mc 1,1-8; Lc 3,1-22; Jo 1,19-34). A ele se aplicam as palavras do profeta Isaías "Esta é a voz de quem grita no deserto: o caminho para o Senhor!". À beira do rio Jordão, ele pregava um batismo de penitência e conversão. O povo acorria. Muitos daqueles que ficaram acomodados em casa devem ter pensado que João Batista estava com algum problema. De repente se achava o tal. Também não era o primeiro a anunciar sabe lá qual novidade. Enfim, devia ser mais um louco.

E os que acreditaram nele? Outros tantos loucos. "Se fossemos dar ouvidos a todo e qualquer pregador, pobres de nós!", devem ter comentado os inteligentes. Mais uma vez a razão, o equilíbrio e o bom senso dos conformados quiseram abafar a boa notícia, usando a razão para primeiro ver o que vai acontecer antes de tomar uma posição. O equilíbrio de quem nunca se expõe ao risco de errar. O bom senso de quem só sabe distribuir conselhos para os outros. Fácil, tudo muito fácil. Excesso de prudência que é pura covardia. Medo disfarçado de sabedoria.

No entanto, os "loucos" acorreram à beira do rio. Jesus, inclusive, foi um deles. Lógico, um louco só pode juntar outros desequilibrados, fanáticos e encrenqueiros.

Por isso vale a pena nos perguntar: quem se reconheceu doente naquele tempo e quem ainda hoje reconhece as suas enfermidades? Quem foram aqueles de quem Jesus dizia precisarem muito do médico? Foram os que acreditaram no Batista e, mais tarde, os que deixaram tudo para seguir Jesus, ou foram os sensatos de sempre, inamovíveis, seguros de não precisar de conversão? Quem ficou curado afinal?

Hoje a voz de João Batista continua a nos alertar. Devemos preparar os caminhos do Senhor. Precisamos aprender a acolhê-lo de novo. Mas, para isso, precisamos de um pouco ou de muita loucura. Teremos de escolher a quem acompanhamos, olhando para a nossa vida, reconhecendo as nossas fraquezas e necessidades e gritando por socorro. Podemos superar as aparências para mergulhar no profundo da nossa vida e da história da humanidade. Assim não ficaremos mais somente no hoje, mas lembraremos o passado e nos questionaremos sobre o futuro.

Conversão é buscar sermos nós mesmos. Não deixar mais que sejam os outros a nos dizer o que devemos fazer. Conversão é sermos nós mesmos a decidir em quem queremos confiar. Talvez precisemos encontrar um bom "manicômio", um lugar mais sadio, onde ficar mais sossegados, para sermos nós mesmos no final. E se esse lugar fosse a nossa Igreja?

# Os olhos do coração

Um homem chegou à idade adulta e resolveu fazer uma faxina geral no seu coração. Muitas coisas inúteis estavam lá desde a juventude. Assim, jogou fora coisas velhas e inúteis, como a Poesia, a Fantasia, a Sensibilidade e a Maravilha. Achou-se mais leve e viveu muitos anos, na luta da vida, sem nenhuma preocupação. Chegou, porém, a velhice e o homem percebeu que tinha uma doença estranha: não conseguia mais ver as coisas nas suas justas dimensões. Algumas lhe pareciam grandes demais, outras tão pequenas que desapareciam. Os médicos lhe prescreveram óculos de todos os tipos, mas inutilmente. Um dia, já curvo e cansado, andava pelo parque da cidade quando encontrou um homem cego que caminhava com o seu bastão, de cabeça erguida e com um largo sorriso no rosto.

– Por que está sorrindo, amigo, apesar da sua cegueira? – perguntou o velho.

– Porque hoje tem um sol maravilhoso aqui no parque, mil flores nos jardins e mil pássaros cantando no céu! – respondeu o cego.

– Mas como o senhor sabe se não pode vê-los?

– Com os olhos do coração, ou seja, com a Poesia, a Fantasia, a Sensibilidade e a Maravilha. Eu não tinha esses olhos, mas um dia os encontrei pendurados num galho. Alguém deve tê-los jogado fora. Daquele dia em diante, vivi feliz, apesar da minha enfermidade.

Ouvindo aquilo o velho sentiu-se morrer. Contudo ainda tinha forças e tornando-se humilde pediu ao cego:

– Se eu me agarrar ao seu casaco, o senhor me mostra as coisas que está vendo?

– Com muito prazer – respondeu o cego. – Para mim é um grande prazer mostrar aos outros a realidade.

E os dois, juntos, partiram para descobrir o mundo.

A partir dessa história, gostaria de propor uma reflexão sobre a bem conhecida parábola do semeador (cf. Mt 13,1-9; Mc 4,1-9; Lc 8,4-8). Em lugar de comentar a parábola, porém, vou tentar responder à pergunta: por que Jesus ensinava desse jeito? Nos Evangelhos encontramos muitas parábolas e isso nos deixa entender que essa foi uma forma peculiar de Jesus ensinar. Tratava-se apenas de um artifício didático ou algo mais? Poucas vezes Jesus explica as parábolas, prefere convidar a ver e a ouvir, com boa vontade, para compreender o sentido das suas palavras. Por que ele não ensinou de uma forma mais clara e direta? Vamos lembrar que Jesus estava falando sobre o Reino dos Céus, portanto queria nos fazer conhecer algo do próprio Deus. Com isso fica a questão: como falar de Deus aos homens de ontem, de hoje e de sempre? Outro detalhe determinante é que os Evangelhos nos apresentam muito mais Jesus agindo do que falando. Em alguns momentos, bem o sabemos, ele se cala e não fala mais (cf. At 8,32; Is 53,7).

Em primeiro lugar, as parábolas "revelam e escondem" a um só tempo. Ou, se preferirem, revelam aos poucos, mas também deixam entrever que há muito mais para buscar e descobrir. O Reino dos Céus não é algo que está predeterminado ou predefinido; é algo em construção como todas as relações amorosas. É algo que está acontecendo ainda e do qual podemos participar se tivermos olhos para ver e ouvidos para escutar.

Para quem o busca de coração sincero, para quem arrisca confiando na sua Palavra, Deus se revela, se manifesta, se deixa encontrar. O ser humano é "capaz de Deus", pode conhecê-lo, mas aos poucos, dando passos na "penumbra da fé". E quanto mais o conhecemos, mais dá vontade de conhecê-lo, até chegarmos a entender que já éramos conhecidos e amados por ele.

Outra questão extremamente importante é a liberdade humana. Jesus falou de uma forma que os ouvintes podiam aceitar ou recusar os seus ensinamentos. Quem não gosta de fazer perguntas na vida e quem não busca respostas questionadoras pode sorrir das parábolas de Jesus. Quem não admite que Deus possa ter vindo ao nosso encontro, para nos ajudar a entender o sentido da vida e nos ensinar o caminho certo, achará tempo perdido emprestar ouvido às suas palavras. Ficará criticando os detalhes, achando aquelas "histórias" mal contadas, sem gosto e sem graça, sugestões piedosas para sentimentais. Quem acha que já sabe e entendeu tudo terá muita dificuldade de se deixar surpreender pelas parábolas de Jesus. Sem dúvida, não é fácil para ninguém ser o bom terreno da parábola do semeador, onde a semente da Palavra produz frutos abundantes para o Reino de Deus.

Poesia, Fantasia, Sensibilidade e Maravilha são indispensáveis para enxergar as medidas certas das coisas e dos acontecimentos da vida. Servem para discernir o que vale mais e o que vale menos. Falta apenas acrescentar o Amor, e os nossos olhos e ouvidos se abrirão para contemplar e participar do grande e maravilhoso projeto de Deus.

# Os três devedores

Um homem muito rico tinha também muitos devedores. Estava ficando velho e percebeu que não dava mais tempo para receber de volta o seu dinheiro. Por isso, mandou chamar os que lhe deviam mais e lhes fez esta proposta: "Visto que vocês não vão me pagar as suas dívidas neste mundo, se jurarem solenemente que darão um jeito para me pagar na outra vida, eu queimarei as notas promissórias que assinaram".

O primeiro devedor lhe devia uma pequena quantia e jurou que na vida futura seria o seu cavalo, assim o levaria para onde quisesse. O velho aceitou e queimou as notas dele. O segundo devedor lhe devia mais dinheiro e jurou que na vida futura seria o seu boi, portanto trabalharia na roça, puxando o arado e as carroças, como todo boi faz. O velho aceitou também essa proposta e queimou as notas dele. O terceiro devedor lhe devia uma quantia enorme e disse: "Para pagar a minha dívida, na vida futura eu serei seu pai". O velho ficou furioso com o devedor irreverente, que continuou: "Antes de mandar me bater, por favor, deixe-me explicar. A minha dívida é muito grande e não posso pagá-la sendo somente o seu cavalo ou o seu boi. Estou pronto para ser o seu pai. Dessa maneira trabalharei dia e noite para você; vou protegê-lo quando for pequeno e o vigiarei até quando crescer. Arriscarei a vida e enfrentarei qualquer sacrifício para não lhe faltar nada. Enfim, quando morrer, deixarei para você todas as riquezas que tiver conseguido juntar. Não acha que tudo isso vale muito mais do que ser simplesmente o seu boi ou o seu cavalo?".

O Evangelho de Mateus nos fala de uma mulher, estrangeira e pagã, que insiste com Jesus para que cure a filha dela (cf. Mt 15,21-28). Apesar de não ser tão bem tratada no começo, o próprio Jesus reconhece, depois, a fé da mulher cananeia. Ela foi corajosa e, podemos dizer, ousada, superando exclusões e preconceitos. Somos surpreendidos pela insistência dela e, também, pela clareza de sua fé em Jesus: é somente a ele que pede com humildade e paciência. Não é uma fé genérica ou vazia: ela confia em Jesus e o chama sempre de "Senhor"! Além disso, não pede nada para si, mas sim a libertação de sua filha do demônio que a atormentava.

Imediatamente pensamos em tantos pais e mães que não medem esforços para conquistar a saúde e o bem-estar dos seus filhos, os quais nem sempre sabem agradecer. Pensam que, afinal, os pais têm obrigação de lhes dar tudo, como se fosse uma dívida a ser paga, simplesmente por tê-los colocado no mundo. Também existem pais que, por conta das suas muitas responsabilidades, pensam do mesmo jeito: criar filhos é quase como pagar prestações que nunca acabam.

Todos nós, hoje, somos tentados a reduzir as chamadas "obrigações" entre pais e filhos a algo quase exclusivamente material, como se o dinheiro e as coisas resolvessem tudo e conseguissem substituir as simples relações humanas. Se fosse assim, os pais mais ricos seriam os melhores educadores e o contrário valeria para os pais mais pobres. Nada disso. Se os bens trazem conforto e ajudam, nunca podem, porém, oferecer o carinho, o afeto e, muito mais, a experiência de generosidade e gratuidade que sempre revelam o verdadeiro amor. Por isso, os pais muitas vezes sacrificam-se pelos filhos, não para pagar uma dívida, mas porque os amam e querem que eles aprendam a amar e a se doar.

Cabe aos filhos, também, encontrar formas simples de gratidão. Pode ser o beijo da criança pequena; pode ser ainda a busca do diálogo do adolescente e do jovem com os seus pais, porque quando um rapaz ou uma moça procuram os seus pais para conversar estão lhes dizendo – sem precisar de grandes explicações – que confiam neles, que lhes dão valor e precisam do seu apoio e da sua amizade. Isso é gratidão, é amor. Procurar os pais somente para pedir que paguem as contas é reduzi-los a criaturas utilitárias, como o cavalo ou o boi da historinha.

Por mais defeitos que tenham, os pais precisam também de incentivos para cumprir mais plenamente a sua difícil missão. Se conseguirem encontrar algum tempo para os seus filhos, ganharão o afeto e a gratidão deles. Não será mais necessário comprá-los. Ter filhos será uma alegria e não somente uma conta a pagar.

# Quinze anos

*D*epois de quinze anos, transcorridos em duríssimas penitências num lugar totalmente isolado, um homem tinha conseguido, finalmente, caminhar em cima das águas. Cheio de orgulho e satisfação quis comunicar a façanha ao seu mestre e lhe disse: "Mestre, depois de quinze anos, finalmente, consegui o poder de caminhar sobre as águas!". O mestre o olhou de soslaio e depois disse: "E você não se envergonha disso? O que você conseguiu não vale nada. Qualquer um pode atravessar o rio pagando cinquenta centavos ao barqueiro. E você gastou quinze anos para conseguir tal resultado!".

Como sempre, espero que a historinha sirva para entender melhor uma passagem dos Evangelhos. Ao ler que Jesus caminhou sobre as águas para alcançar o barco onde estavam os discípulos (cf. Mt 14,22-33; Mc 6,45-52; Jo 6,16-22), somos tentados a considerar somente o fato milagroso. Contudo, sabemos que não é essa a finalidade dos Evangelhos. A maravilha que os gestos de Jesus suscitam sempre nos deve conduzir a algo mais. Nesse caso, a mensagem é evidente: Jesus nunca abandona os seus amigos. Até os obstáculos naturais como a água, o vento e as ondas não conseguem deter a presença viva e atuante do seu amor. Pedro quer experimentar essa presença, para ter certeza de que Jesus não é um fantasma e que confiar nele não é ilusão. Assim, com os olhos fixos no Senhor para ir ao seu encontro, ele consegue o que parecia impossível. No entanto, quando percebe a força do vento e o frio da madrugada, desvia o seu olhar, fica com medo e começa a afundar. É fácil entender o que os Evangelhos querem nos dizer: devemos vencer as incertezas e as dúvidas, acreditar firmemente, confiando mais na força da oração e da súplica "Senhor, salva-me!" do que em algum evento fora do comum que, porventura, possa vir a acontecer.

O segredo do barco de Pedro – o barco dos discípulos e da Igreja toda, que continua atravessando o mar e a penumbra da história humana – está na força da fé. Cantamos tantas vezes "Segura na mão de Deus e vai...", mas ainda duvidamos e sempre vale para todos nós a reprovação de Jesus a Pedro: "Homem fraco na fé, por que duvidaste?". O verdadeiro extraordinário não consiste, portanto, em caminhar sobre as águas – que podemos entender como um sinal –, mas na firmeza em sempre confiar no Senhor, nas circunstâncias favoráveis ou em meio a ventos contrários, que querem nos afastar do Senhor e assim deixar de segurar sempre na mão dele.

A vida de todos nós é um dom que recebemos gratuitamente e, por isso, também um chamado a gastar bem o tempo precioso que nos é dado. De maneira especial, podemos e devemos agradecer pela vocação sacerdotal dos padres que procuram viver da melhor maneira possível a missão que lhes foi entregue.

Na vida de todo padre existem momentos inesquecíveis: o chamado e a resposta, a ordenação, a alegria e a responsabilidade de poder servir ao povo a ele confiado. Contudo os anos passam. A rotina, as incompreensões, as dificuldades com o povo, com outros padres ou com bispos podem gerar o desânimo e a desvalorização do próprio ministério. Nessa situação, o perigo é ver o sacerdócio como o exercício de uma profissão qualquer. As outras profissões parecem mais promissoras, mais compensadoras em termos humanos e financeiros. Também se a medida da vida humana é o sucesso, surgem no coração do padre a incerteza sobre o próprio futuro e a insegurança se será lembrado ou não. Numa sociedade onde o que vale mais são as aparências e o estar no centro das atenções, o trabalho da evangelização, realizado na maioria das vezes com pessoas humildes, em lugares afastados e nas periferias, parece pouco atrativo. Em geral, o medo de não ser valorizado pelos outros, como o nosso orgulho gostaria, faz surgir o desejo de aparecer, de ser considerado importante ou indispensável. Por causa disso, pode acontecer que o padre seja tentado a dedicar tempo e energias a outras atividades que, no entender dele, poderão lhe proporcionar mais visibilidade e prestígio.

O serviço do padre é uma missão, deve passar por dificuldades e perseguições como o próprio Senhor Jesus passou. Quem ama o seu ministério sacerdotal deve se preparar a ser o grão de trigo que, caído na terra, precisa morrer para produzir fruto. O "sucesso" na vida do padre deve ser comparado somente com o sucesso de Jesus Cristo, e não com as estrelas que os interesses humanos criam. O segredo do padre sempre será colocar a sua mão na mão do Senhor, segurando-a, sem medo, com humildade e perseverança. Conseguir fazer isso a vida inteira é o verdadeiro "milagre", que parece impossível a quem não crê. Peço esse milagre ao Senhor para mim e para todos os padres da nossa diocese.

# Quinze minutos

Conta uma história que um famoso cavaleiro da corte, que havia servido por cinquenta anos o seu rei, foi visitado pelo seu senhor quando estava muito doente. O rei, por gostar muito desse seu servidor, perguntou-lhe se podia fazer alguma coisa por ele. "Peça livremente, não tenha medo da minha recusa", falou o monarca com autoridade. "Meu Rei, desejo somente que o senhor alongue a minha vida por mais quinze minutos", respondeu o moribundo. "Você me pede o impossível! Peça qualquer outra coisa que eu possa fazer." O homem, tomado por grande angústia, conseguiu ainda dizer: "Que decepção! Eu o servi por cinquenta anos da minha vida e você não pode me dar nem quinze minutos a mais de vida! Se tivesse servido com a mesma fidelidade ao único e verdadeiro Senhor, agora ele me daria não somente quinze minutos, mas uma eternidade de vida feliz". E com essas palavras morreu.

Quando chega a nossa hora, ninguém pode juntar mais um minuto nem à própria vida nem à vida dos outros. Jesus também foi desafiado a fazê-lo. O povo, aos pés da cruz, gritava: "Se és o rei dos judeus, salva-te a ti mesmo e a nós". O tom era de zombaria, carregado da arrogância de quem quer desmascarar uma fraude: se Jesus morresse como qualquer ser humano, ficaria claro que ele era um grande impostor. Nada de Filho de Deus, Salvador ou Messias. Falou bonito, mas as palavras dele não servem mais para nada. A palavra final será da morte.

Quantos de nós ainda duvidamos diante da cruz de Jesus! Na nossa maneira de pensar, terrivelmente humana, temos dificuldade de entender o seu sentido e acreditar no seu valor. Ainda pensamos que um gesto teatral, de última hora, uma saída ao estilo de um super--homem resolveria tudo e de uma vez por todas. Todos acreditariam, seria um triunfo. Mera ilusão de quem raciocina no modo "salve-se quem puder". Afinal, quem não pode salvar da morte a si mesmo, como poderá prometer a vida aos outros?

No entanto, nesse final trágico de perdedor, um dos dois malfeitores condenados com Jesus surpreende a todos. Chama Jesus pelo nome, com confiança declara-o inocente e pede-lhe que se lembre dele quando estiver no seu Reino. O centurião que o matou afirma: "Realmente este homem era justo!".

O que está acontecendo? Que "salvação" é essa? Desde que a humanidade existe, as pessoas buscam a felicidade por meio da riqueza, da posse das coisas, através do poder e da dominação sobre outros seres humanos, mediante o uso de forças consideradas ocultas e ameaçadoras, da manipulação de Deus. Quanto mais nos agarramos a tudo isso, mais ficamos desesperados quando o perdemos. Se tivéssemos aprendido a doar, poderíamos seguir a Jesus mais de perto e entender o seu gesto de amor. Ele nos ensina a viver entregando a própria vida, transformando-a num dom a ser oferecido.

Jesus doou a si mesmo ao povo, aos pobres, doentes, excluídos, pecadores, às ovelhas perdidas. Não construiu nem guardou nada para si. No calvário grita: "Pai, em tuas mãos entrego o meu espírito!". A vida dele doada continua a ser entregue, agora, porém, nas mãos do Pai. Ela foi um dom antes e continua a sê-lo também nos momentos finais. Estava nas mãos dos homens que o mataram. Agora está nas mãos amorosas do Pai. A morte sela o seu dom total.

Quem é esse Deus que se sacrifica por amor, que perde a si mesmo para salvar os outros? Nós deixaríamos os outros se perderem para nos salvarmos. Jesus não. Ele doa tudo. Não guarda para si nem mesmo o rancor contra aqueles que o estão matando. Pede ao Pai que os perdoe, porque não sabem o que fazem. Em Jesus, que morre, nasce uma nova humanidade, livre do egoísmo, do ódio, do pecado e da morte. O Cristo crucificado é o homem novo. Revelação de um Deus-Amor que usa o seu poder para servir e não para ser servido, que ama em lugar de dominar, que dá a vida em lugar de tirá-la. Quem sabe doar sabe também acolher. Assim Jesus pode oferecer essa vida nova também ao ladrão que se lhe entrega. O bem, o amor, a vida doada, são a vida nova, neste mundo e para a eternidade. É o amor que não morre. Vale a pena servir com amor e por amor ao Rei do amor. Aqui, agora e sempre.

# Seu trono por um dia

Aconteceu que o rei estava para morrer. Era um homem rico e poderoso, mas estava gravemente doente. Mandou chamar todos os médicos e feiticeiros do reino, a quem ameaçava querendo saber por que ninguém conseguia curá-lo. A questão era que não havia mais o que se fazer, e todos fugiram por medo de perder a cabeça. Somente um velho médico ficou. O rei perguntou-lhe, então, o que devia fazer para ficar bom novamente. "O senhor só poderá se curar se entregar o seu trono, por um dia, ao homem que lhe assemelha mais do que todos os outros. Ele morrerá no seu lugar", falou o velho sábio.

O rei mandou mensageiros para todos os recantos do país, convocando todos os que tinham alguma semelhança com ele. Quem se recusasse seria condenado à morte. Muitos homens compareceram, mas o velho médico os descartava um por um. Às vezes porque eram mais baixos, ou porque eram mais gordos; ou ainda por faltar-lhes um dedo, um dente, os cabelos e assim por adiante.

Passavam-se os dias e o rei estava se acabando. De repente, numa tarde, quando o rei e o médico estavam passeando ao redor do palácio, o velho apontou para um mendigo aleijado, meio cego, sujo e cheio de feridas, e gritou: "É ele! É ele, o homem que mais se assemelha com o senhor!". "Como é possível?", reclamou o rei. "Há um abismo entre nós!" "Um rei que deve morrer", insistiu o velho sábio, "se parece com o mais pobre, o mais desgraçado da cidade. Rápido! Troque suas roupas com ele, e o coloque no trono por um dia, assim será salvo!". Mas o rei não quis absolutamente aceitar ser tão semelhante ao mendigo. Voltou ao palácio e morreu, naquela mesma noite, sentado no trono com a coroa na cabeça e o cetro na mão.

Uma história triste, de orgulho e preconceito, para comentar um pouco a parábola do rico e do pobre Lázaro, que encontramos no Evangelho (cf. Lc 16,19-31). O Senhor dá a entender que o rico conhecia o indigente Lázaro, porque imediatamente o chama pelo nome no outro mundo, quando o vê perto de Abraão. O que me deixa triste na parábola é justamente a incapacidade do rico de socorrer o pobre. O que impedia ao rico de ajudar o menos favorecido? O que o deixava tão indiferente? Tenho medo de responder, mas penso que talvez o rico se achasse com todos os direitos de possuir e esbanjar, por ter uma ideia errada de Deus. Ele, rico, seria um abençoado por Deus. O outro, o pobre Lázaro, um amaldiçoado e esquecido por Deus. É como dizer: Deus me deu, é meu e faço uso disso tudo como eu quiser. Não muito diferente, como resultado final, é a maneira de pensar de quem se acha com todos os direitos, porque "soube" administrar bem, ou aproveitar as próprias capacidades e circunstâncias favoráveis da vida para enriquecer. Terrível quando alguém declara que o mundo "sempre" foi assim, dividido entre ricos e pobres, porque – vejam a blasfêmia – Deus assim o fez!

Grande engano. Qualquer bem, material ou não, toda propriedade, toda capacidade traz em si um compromisso social. É-nos dado para que o usemos para o bem, e esse bem não é fazer negócios cada vez mais lucrativos para nós, mas ajudar a quem precisa. Praticar o bem é praticar a justiça e a fraternidade entre nós. Portanto, o grande erro do rico da parábola não foi, talvez, o fato de não ter socorrido o pobre. Foram as razões que, segundo ele, justificaram tal atitude de superioridade e indiferença que o condenaram. Afinal, por que ele, o rico, deveria mudar uma situação injusta se assim Deus a tinha determinado?

Chamar de vontade de Deus os nossos privilégios, jogar a culpa da nossa falta de amor nas costas de Deus é a mais perversa das religiões. Aliás, não é nem religião, é idolatria. O que o rico não fez quando ainda tinha tempo e condições de fazer, o pai Abraão fez, acolhendo o pobre na paz e na alegria. É isso que Deus quer para todos. Porque ele não é distribuidor de injustiças, mas ensina a amar, entregando até a própria vida.

A essa altura, é evidente que Jesus quis chamar a nossa atenção muito mais sobre esta vida do que sobre a outra. Em lugar de ficar imaginando e discutindo sobre os tormentos do inferno, deveríamos aprender a olhar os pobres que estão todos os dias ao nosso lado, partilhando as angústias da vida. Somos responsáveis uns pelos outros, mais do que pensamos. Podemos ser instrumentos do bem, colaborando com o amor do Pai, ou ser a negação do seu amor, mantendo as injustiças e criando novas exclusões.

Coragem! Ainda temos tempo para vestir a camisa do pobre, para colocá-lo no centro do nosso coração, onde está o trono do nosso egoísmo. Só por uma vez? Talvez mais. Tantas vezes quantas forem necessárias para reconhecê-lo nosso irmão e a nós, também, mortais como ele.

# Silêncio e palavra

Um jovem foi convidado ao casamento de um amigo. Após a bela cerimônia, ele ficou observando a longa fila de parentes e amigos que iam cumprimentar o casal e seus familiares. Do modo como as coisas aconteciam, ele percebeu logo que os cumprimentos não passavam de frases formais, repetidas de maneira mecânica. De fato, ninguém prestava atenção ao que o outro dizia. Quis, portanto, fazer um teste, para ver se a intuição dele era verdadeira. Entrou na fila e, quando chegou à frente do primeiro de um dos familiares dos noivos, disse com voz calma, tranquila e com um sorriso nos lábios: "Hoje faleceu a minha mulher". A resposta foi: "Muito obrigado, o senhor foi muito gentil vindo participar de nossa alegria". Repetiu as mesmas palavras a todos os parentes que cumprimentava, e a maioria deles respondia: "Muito obrigado, foi bom o senhor ter vindo". No final, chegou à frente do noivo ao qual também disse: "Hoje faleceu a minha mulher". A resposta foi: "Obrigado, agora é a sua vez, meu velho amigo".

Devemos admitir que prestar atenção a tudo aquilo que os outros nos dizem não é tão fácil como parece. Talvez os sofisticados recursos tecnológicos nos façam pensar que hoje a comunicação entre nós funcione maravilhosamente. Podemos falar diretamente com quem está do outro lado do mundo e receber notícias quase no mesmo momento. Milhões de pessoas estão conectadas no mesmo instante via internet, através das chamadas "redes sociais". No entanto, a comunicação verdadeira é muito mais exigente, solicita-nos a escuta do outro, o discernimento indispensável para conseguir distinguir o que é importante para a nossa vida e o que é descartável.

Dialogar entre nós, nas nossas famílias, nas nossas comunidades, nos ambientes de trabalho e convivência, continua difícil. Recebemos muitas informações, mas as perguntas decisivas para a nossa existência humana continuam a nos questionar e pedem respostas à altura. A quantidade excessiva de informações, que chegam de todas as formas até nós, na maioria das vezes nos sufoca. Dá-nos a ilusão de termos muito conhecimento, mas, de fato, afasta-nos de uma busca mais sincera e profunda. Ficamos perdidos e confusos.

Todo ano, por ocasião do Dia Mundial das Comunicações Sociais, o Santo Padre nos envia uma mensagem para a nossa reflexão. Em 2012, o Papa Bento XVI nos convidou a lembrar do valor e do sentido do silêncio. Parecia uma contradição, em tal data, falar do silêncio. Na realidade, o Papa queria nos ajudar a entender que para a nossa comunicação não ser superficial e alienante precisamos também de tempos adequados de silêncio. Esses momentos nos permitem a compreensão e a interiorização das mensagens.

Silêncio significa parar para escutar e compreender o que o outro quer dizer, significa reconhecer o valor maior ou menor daquilo que nos é comunicado. O Papa falava da necessidade de adquirir e cultivar um equilíbrio entre silêncio, palavra, imagens e sons. Excesso de palavras traz aturdimento, mas também a falta delas revela indiferença entre as pessoas. Com efeito, o primeiro sinal de afastamento entre nós é deixarmos de nos falar, como bem sabemos. Algo semelhante vale para as imagens e os sons. Precisamos de tempo e silêncio para descobrir a relação que existe entre os acontecimentos alegres e tristes da nossa vida. Quem não consegue parar para refletir facilmente perde o rumo de sua existência, confunde a verdade com a mentira, o bem com o mal, a realidade com as suas aparências e disfarces.

Na página dos Atos dos Apóstolos e no Evangelho de Marcos, lemos que o Senhor Jesus enviou os discípulos para serem suas testemunhas "até os confins da terra"; eles obedeceram, "saíram e pregaram em toda parte" (cf. At 1,8; Mc 16,20). Sem a Palavra de Deus anunciada não existe evangelização, e a palavra humana não consegue expressar tudo sobre Deus e seu amor. Precisa de silêncio, de interiorização e contemplação para reconhecer as maravilhas que o Senhor continua fazendo em nossa vida, na vida de nossos amigos e na história da humanidade toda. Dizia o Papa em sua mensagem: "silêncio e palavra são ambos elementos essenciais e integrantes da ação comunicativa da Igreja para um renovado anúncio de Jesus Cristo no mundo contemporâneo".

O próprio Jesus nos ensinou a rezar sem multiplicar tantas palavras (cf. Mt 6,7). É no silêncio que Deus fala ao nosso coração, iluminando-nos para entender a sua Palavra. É também no silêncio que amadurece a nossa resposta confiante. De outra forma é arriscado construir o nosso relacionamento com o Pai – e entre nós – de maneira superficial, repetindo palavras das quais perdemos o sentido. Palavras formais, imitação de outros. Quase como na fila dos parentes naquele casamento.

# Sinal de contradição

Tentei imaginar as reações dos habitantes de Nazaré quando chegou por lá a notícia da morte de Jesus na cruz. Talvez a novidade tenha corrido junto com os boatos da sua ressurreição. Muitos devem ter lembrado o que havia acontecido mais ou menos três anos antes, quando Jesus, após ter suscitado tanta admiração no início da sua fala na sinagoga, depois escapara por um triz de ser lançado num precipício. Os mais rancorosos devem ter dito: "Eu sabia que não prestava". Outros, movidos pela compaixão, podem ter pensado e dito que teria sido melhor mesmo segurá-lo em Nazaré. Alguns devem ter se lembrado das suas palavras polêmicas na sinagoga e pensado que, falando daquele jeito, só podia dar no que deu. Enfim, outros poucos devem ter dado ouvido aos boatos sobre a sua ressurreição e lembrado as palavras cheias de encanto que saíam da sua boca; o seu jeito diferente, os gestos realizados em Cafarnaum e em tantos outros lugares. Esses talvez tenham exclamado, bem mais baixo do que os outros: "Ninguém nunca falou como este homem!".

Todas as especulações são minhas, evidentemente.

Com a rápida mutação de humor por parte dos habitantes de Nazaré a respeito de Jesus, o evangelista Lucas deve ter querido nos lembrar simplesmente do que o velho Simeão havia profetizado: "Ele será um sinal de contradição". Após tantos anos, ainda hoje Jesus continua o mesmo: um divisor de opiniões, com ele ou contra ele. É difícil ficar em cima do muro com Jesus. Somente pessoas superficiais, ou por demais cheias de si, podem pensar que não vale mais a pena refletir sobre o que ele fez e ensinou. Suas palavras continuam a atrair ou a incomodar, a sua memória faz as pessoas sentirem-se felizes, prontas para segui-lo, ou insatisfeitas consigo mesmas, duvidando das suas certezas. Não tem muito sentido repetir, como eterna desculpa das nossas trapalhadas, o jargão que "também Jesus não agradou a todos", porque é isso mesmo: ele não veio para que ficássemos todos satisfeitos com ele. Ao contrário, veio para questionar-nos. Somente quem não aceita nenhuma crítica, não admite defeitos, culpas ou pecados, pode se eximir de confrontar-se com o jeito de falar e agir dele.

Com certeza Jesus não fez nada para agradar aos grandes e aos poderosos. Preferiu os pequenos, os pobres, os doentes, e quando deu atenção a algum chefe foi por causa da fé demonstrada, nunca para tirar proveito ou para cativar a simpatia dele. Com os moradores de Nazaré, foi pior ainda. A eles, que queriam segurá-lo para que fosse um curandeiro de aldeia a serviço deles ou, quem sabe, até para ganhar algum trocado, Jesus responde com os exemplos dos estrangeiros, que foram beneficiados pelos profetas. Um insulto ao nacionalismo e ao amor próprio daquelas pessoas. Passaram da admiração ao ódio, da intenção de entretê-lo com eles à vontade de matá-lo: se não queria ser o profeta deles, que não o fosse de ninguém. No entanto, Jesus não podia satisfazer as exigências daquele povo, porque tinha outra missão. E o alcance de sua missão era bem maior do que os limites da pequena e orgulhosa aldeia de Nazaré.

Assim a história de Jesus chegou até nós; entre trancos e barrancos, entre os avanços e os tropeços da vida humana, entre as contradições daqueles que ele deixou para transmitir a sua memória. Houve santos e santas, pessoas nas quais quase se podia ouvir e enxergar o Mestre. Houve falsos pregadores, aproveitadores, quem usasse o nome de Jesus para ganhar poder e prestígio. Mártires derramaram seu sangue por amor a ele. Houve também quem matou talvez pensando que o estava defendendo. Coisas do passado? Não sei.

Nos dias de hoje muitos falam e escrevem sobre Jesus. Já foi apresentado como o maior líder, o maior psicólogo, uma inteligência superior e agora como um Cristo cósmico, guia espiritual para quem quiser alcançar a iluminação. Parece tudo tão bonito e fascinante! Espero não sejam modernas tentativas de domesticar Jesus, para silenciá-lo e fazê-lo entrar nos nossos esquemas mentais, conforme as modas ou as carências da humanidade de cada época. Jesus continuará incomodando. Ainda vai passar pelo meio de todos e continuar o seu caminho. Que bom se ao encontrá-lo numa esquina da vida, ao ouvir o seu convite tenhamos a coragem de segui-lo e conhecê-lo melhor. Com sinceridade e sem preconceitos.

# Um degrau acima

Um menino brincava de padre junto com um colega. Estavam na escadaria da sua casa. Tudo corria bem: entre bênçãos demoradas, sermões inflamados e absolvições de pecados horripilantes. De repente, o amigo cansou de ser coroinha do outro que sempre queria ser o padre. Subiu, então, um degrau a mais na escadaria e também começou a pregar com entusiasmo.

Imediatamente o outro chamou a atenção dele e disse que ele não podia fazer aquilo, porque só ele estava autorizado a aplicar sermões. A dona da casa, mãe do garoto que pretendia ser o único pregador, ouvindo a gritaria, com calma e palavras mansas o convenceu de que, por dever de hospitalidade, devia deixar o colega também ser pregador. O filho, no começo, ficou de cara feia, mas depois subiu um degrau mais alto do que o do amigo e, com solenidade, declarou: "Tudo bem, ele pode pregar, mas eu serei Deus!".

Brincadeira de criança que nos revela, no entanto, um desejo que todos nós temos e que tentamos esconder, nem sempre com sucesso: exercer alguma autoridade e poder mandar. Parece mesmo que esse impulso faz parte da nossa natureza. A prova disso, vista do outro lado, é a dificuldade que temos em obedecer quando somos mandados. Quando a autoridade não sabe dialogar

246

e convencer, ou abusa da sua posição com desmandos, em geral gera revolta, mentiras e até ódio verdadeiro. O livro do Gênesis também nos apresenta o primeiro pecado da humanidade como uma desobediência a ninguém menos que o próprio Deus. Se tivermos consciência da nossa responsabilidade – como pais, por exemplo –, nunca será fácil mandar e, menos ainda, será fácil obedecer. Mandar e obedecer parecem duas coisas incompatíveis.

O Evangelho nos apresenta Jesus como alguém que ensinava e agia com autoridade. O povo ficava admirado com a novidade dos ensinamentos dele e se perguntava o que estava acontecendo, visto que até os demônios lhe obedeciam. A comparação com a autoridade daquele tempo – os mestres da Lei – também era inevitável. As pessoas se perguntavam: "O que é isto?". Claro que poderíamos responder imediatamente a esses questionamentos dizendo que, afinal, Jesus era Deus e por isso podia mandar e desmandar em tudo. Essa maneira de pensar, no entanto, não nos ajuda a acreditar e confiar nele. No máximo, leva-nos a invejá-lo – como aconteceu aos escribas e fariseus – ou a querer manipulá-lo para que possamos decidir o que ele deve ou não deve fazer. Mais uma vez, é a tentação do poder que nos move.

A autoridade de Jesus vem da sua obediência. Obediência ao projeto de amor e salvação do Pai. Jesus, neste mundo, tinha a missão de nos fazer conhecer esse amor e o "alimento" dele era, justamente, fazer a vontade do Pai (cf. Jo 4,34). Jesus nunca usou do seu "poder" para si mesmo ou para promover a sua causa. Nem para "descer da cruz"! Sempre buscou o bem, a saúde, a paz dos outros. Nunca pediu nada em troca, a não ser a fé e a perseverança no novo caminho, quando dizia aos pecadores perdoados para irem em paz e não pecarem mais.

Jesus, obedecendo ao Pai "até a morte, e morte de cruz", revela-nos quem é Deus e o que o Todo-Poderoso faz com o seu poder: o bem e somente o bem. Deus pode tudo, é verdade, mas não pode fazer o mal! Se ele é amor, pode somente amar. Com isso, Jesus nos revela também o sentido e o jeito de exercer a verdadeira autoridade. A história da humanidade nos ensina que todo poder que se alicerça sobre o medo, a violência, a troca de favores e as mentiras, está destinado ao fracasso e terá como resultado mais violência, mais destruição, mais inimizade e sofrimentos para todos. A única força que pode derrotar o mal e a morte, com todo o ódio e as tristezas que os acompanham, é o amor, a vida doada para o bem dos outros, para o bem de todos. É uma nova autoridade, uma nova lei, um novo mandamento, ao qual deveria ser agradável obedecer: amar-nos uns aos outros como o próprio Jesus nos amou. A uma ordem qualquer podemos obedecer, forçados ou por conveniência, sem concordar; mas ao mandamento do amor deveríamos obedecer agradecidos. Obedecer para valer, com a mesma coragem, força e autoridade de Jesus. O mal seria vencido. Os demônios que nos cercam seriam derrotados.

Sei que tudo isso está muito longe da nossa maneira de pensar e agir. Ainda insistimos em acreditar que poder e autoridade venham do dinheiro que temos, da posição social que ocupamos, dos títulos que nos dão tanto orgulho. Nós, para mandarmos, achamos necessário subir nos degraus da vida, ou nas costas dos outros. Deus, para nos ensinar a verdadeira autoridade, desceu até nós, vejam só!

# Um pão para o cachorro

Um homem, famoso por sua santidade, caminhava pelas ruas de uma vila e viu um pobre, quase nu, tiritando de frio. Sem pensar duas vezes, tirou sua capa, cortou-a no meio e deu a metade ao pobre. Naturalmente ficou muito satisfeito com o seu próprio gesto de generosidade. No entanto, voltando para casa, reparou que, na beira de um córrego, estava sentado um homem com um pão na mão e, aos pés dele, estava um cachorro agachado. O homem partia o pão e dava um bocado por vez ao cachorro para que o comesse. Em instantes o pão inteiro acabou na barriga do cão faminto. "Você aí", perguntou o santo homem ao desconhecido, "quantos pães ganha por dia?". "Só ganhei este que estava em minhas mãos e que acabei de dar de comer a este cachorro". "Mas por que você o deu ao cachorro em lugar de prover às suas necessidades?" "Porque este cachorro está com as patas sangrando. Deve vir de muito longe e, provavelmente, não come faz alguns dias. Eu deveria ficar com o pão só para mim?", respondeu o homem. O santo homem retomou o seu caminho, mas muito menos satisfeito consigo mesmo.

Um pequeno exemplo para nos lembrar que até na caridade cada um tem as suas ideias e as suas medidas. Muitas vezes o que é generosidade para uns é considerado desperdício para outros. O que é partilha para alguns é avareza para outros. Quem doa com mãos abertas tem sempre mil razões para fazê-lo; e quem doa menos ou guarda as coisas tem outras mil razões para economizar. Não adianta discutir sobre isso.

Melhor é aprender a admirar quem sabe doar mais e educar para a fraternidade quem tem dificuldade de repartir. O importante, me parece, é ficarmos ao menos um pouco insatisfeitos para não nos orgulharmos demais, nem nos arrependermos da caridade que fazemos. Um amor fraterno e sempre maior deveria ser a nossa meta. Com menos palavras e mais ações.

"Se me amais, observareis os meus mandamentos", nos diz Jesus no Evangelho (Jo 14,15). Não podia falar diferente. Os mandamentos dele são, de fato, o grande mandamento do amor. Para amar a Deus, que não vemos, devemos amar o próximo que está ao nosso lado. Por outro lado, a razão motivadora do nosso amor ao próximo, além de uma humana solidariedade, é a decisão de corresponder ao amor sem medida do próprio Deus. De certa forma, é o amor que motiva e gera outro amor, na alegria de fazer o bem e na busca da liberdade sempre maior para fazê-lo sem mais medidas.

O que chama nossa atenção, porém, é sempre a própria pessoa de Jesus. "Se me amais..." ele diz. Obedecemos e, portanto, praticamos o mandamento do amor que ele nos deixou, por amor a ele. O mandamento do amor a Deus e ao próximo não é uma simples lei que pode ser obedecida ou não, que pode ser desvirtuada, corrigida, acomodada aos nossos interesses. Não podemos dizer: esta pessoa eu vou amar, essa outra não, aquela posso até odiar. Sempre estará em jogo o amor a Jesus. É a ele que amamos ou deixamos de amar nas pessoas a quem oferecemos ou não o nosso amor.

Se entendermos isso, o mandamento do amor, mais do que uma lei, será a nossa maneira de viver, de organizar a nossa vida e os nossos sentimentos, e se tornará uma inquietação saudável, benéfica, que nos fará desejar e buscar amar mais e a todos. O egoísmo e o individualismo nos fazem enxergar apenas os nossos interesses e, raramente, as dificuldades e os sofrimentos dos outros. Fecham o nosso coração mesmo que esteja em uma gaiola de ouro, cheia de bem-estar e autossatisfação.

O amor verdadeiro, não. Incomoda-nos, mas nunca nos deixa satisfeitos, porque nos faz perceber quantas necessidades a humanidade tem, e em quantos rostos sofredores podemos reconhecer Jesus, a quem queremos seguir, amar e servir. Discursos e promessas não são amor nem respondem às necessidades. Um gesto simples e fraterno, de amizade e partilha, serve muito mais. Uma renúncia para fazer o outro feliz, também. Para aprender tudo isso, até dar comida para cachorro serve. É só o começo.

# Um passo para frente

Aconteceu durante uma guerra. Os homens lutavam para escrever uma página da história. O grupo estava avançando, afundando na lama. Não havia caminho e cada passo exigia um esforço fora do comum. O capitão decidiu fazer uma última e desesperada tentativa. Juntou os soldados, quase irreconhecíveis, com os uniformes incrustados de lama e de medo.

"Preciso de voluntários", gritou o comandante olhando aqueles rostos e querendo ver neles algum sinal de heroísmo. "Vou deixar-lhes alguns instantes para decidirem. Quem se oferecer dê um passo à frente!" Virou as costas e esperou. Quando encarou novamente os homens viu uma única fila compacta. "Ninguém se ofereceu?", perguntou com amargura. "Capitão, todos nós demos um passo à frente", respondeu, quase sem voz, o mais jovem dos soldados.

Parece uma cena de filme, de tão acostumados que estamos com a ficção da televisão. Histórias verdadeiras de heroísmo, porém, existem e acontecem todos os dias. Falo de pessoas honestas, cumprindo seu dever com humildade e dedicação. Outras, ajudando o próximo ou servindo a quem precisa sem alarde ou propaganda. Existem também os casos que se tornam manchetes, como os de alguém que devolve dinheiro alheio encontrado por acaso, e também em ocasiões de desastres, quando a solidariedade e o amparo vêm, muitas vezes, de quem menos se esperava. Assim é o heroísmo: um gesto que suscita admiração e deveria conduzir à imitação. Debochar de quem se esforçou, arriscou a vida ou simplesmente mostrou solidariedade e honestidade é, no mínimo, inverter os valores sobre os quais deveria alicerçar-se uma sociedade que busca o bem e a convivência pacífica de todos. É importante que, ao menos algumas vezes, o bem se torne notícia, para não nos esquecermos de que a atitude mais comum a todos nós deveria ser praticar aquelas virtudes que embelezam e enriquecem a vida. É sempre bom que, no meio de tantas notícias trágicas ou sobre as futilidades dos "famosos", apareçam notícias do bem, bem feitas e merecedoras de reconhecimento.

A essa altura, não seria o caso de pensar que nós todos poderíamos ou deveríamos ser um pouco mais heróis? Quando Jesus nos convida a segui-lo carregando a nossa cruz, o que nos pede é para não fugir das nossas responsabilidades e das infinitas possibilidades de fazer o bem que, com certeza, aparecem todos os dias à nossa frente.

Se o extraordinário chama a nossa atenção, o cotidiano pode fazer de nós verdadeiros heróis da paciência, da perseverança e da fidelidade. Talvez a cruz de todos os dias seja tão pesada quanto um gesto ocasional único e irrepetível. Ou, talvez, o gesto heroico se torne possível porque todos os dias treinamos um pouco de amor para não perder o costume da generosidade, a sensibilidade do coração, enfim, a disposição de fazer o bem. Não é por acaso que o pior inimigo da nossa vida cristã não seja tanto o mal que, graças a Deus, não cometemos, mas a mediocridade, isto é, a incapacidade de sobressair na nossa maneira de falar e agir, pelo bem que cumprimos, pelas virtudes que praticamos, pela bondade que espalhamos. Para nós, cristãos, esforçarmo-nos para sermos melhores não é ambição, mas obrigação. Simplesmente para não cair na indiferença e esquecer a alegria de doarmos um pouco, ou muito, da nossa própria vida. Somente assim nos salvamos da mediocridade e ajudamos a outros a dar um sentido melhor à própria vida. Para sermos bons cristãos não basta não fazer o mal, é urgente fazer o bem.

Nesse sentido, precisamos agradecer a tantos irmãos e irmãs que ajudam nas nossas paróquias e comunidades. Além daquelas pessoas maravilhosas sempre disponíveis para ajudar em tudo o que for preciso, existem também muitos ajudando em serviços específicos conforme a disponibilidade e as capacidades de cada um. Lembramo-nos de maneira especial dos catequistas e de todos aqueles que procuram fazer conhecer e amar mais a nossa fé. No entanto, qualquer um que pratica o bem é, de fato, um evangelizador, um sinal de esperança e de vida nova para quem o encontra.

Estamos combatendo uma guerra contra a indiferença e a mediocridade, precisamos de voluntários. Quem puder dê um passo à frente. Qualquer vitória contra o egoísmo começa assim.

# Um peso para a eternidade

Um homem muito rico, para aumentar o seu jardim, apropriou-se da pequena horta de uma pobre mulher. No dia seguinte, a mulher apresentou-se na casa dele com um saco vazio nas mãos e lhe falou: "Deixe-me ao menos pegar um saco de terra da minha horta, onde meu pai e eu trabalhamos por tantos anos". Quando o saco ficou cheio de terra, a mulher pediu ao novo dono para ajudá-la a colocá-lo nas costas, para poder levá-lo. No começo, homem se negou a ajudá-la, mas depois resolveu ceder ao pedido dela. Tentou levantar a carga, mas, depois de algumas tentativas, exclamou: "É impossível levantá-lo! É pesado demais!". "Como é?", surpreendeu-se a mulher. "Se apenas um saco lhe parece pesado demais, como o senhor pensa que vai conseguir carregar nas costas toda a terra da minha horta e, ainda, por toda a eternidade?" Poucos dias depois, o pedaço de terra foi devolvido à mulher.

Pelo jeito, o ricaço teve mais coração do que aquele do Evangelho. Talvez tivesse decidido não brincar com a eternidade ou, simplesmente, teve mais tempo de vida para se corrigir. O rico do Evangelho, ao contrário, nem pensou em outra coisa se não construir novos celeiros para guardar a grande colheita. O fim da sua vida estava fora dos seus planos. Foi pego de surpresa. Com isso, perdeu totalmente sentido a pergunta que fez a si mesmo: "O que vou fazer com tanta riqueza?" (cf. Lc 12,13-21). A morte é um ponto final, ao menos nos negócios deste mundo.

Bastante fácil entender que Jesus quer alertar àqueles que confundem a vida com as riquezas materiais. "A vida de um homem não consiste na abundância de bens", disse claramente Jesus. No entanto, nós todos teimamos em gastar a maior parte das energias da nossa vida acumulando bens que dificilmente acabaremos usufruindo. A posse dos bens nos dá a ilusão da segurança. É verdade que talvez possamos nos permitir melhores tratamentos em caso de problemas de saúde e pagar melhores advogados em caso de problemas com a justiça. Mas também é verdade que o dinheiro permite corromper juízes e carcereiros para quem quer se safar das leis e sair impune de alguma desavença, ou dar a satisfação de gastar, numa noite, o equivalente ao que outros demoram anos para juntar. Sempre haverá quem diga que falar mal dos ricos se deve à inveja de não fazer parte do clube fechado dos poderosos. Será que também Jesus estava com dor de cotovelo dos abastados da sua época? Ou talvez possamos admitir que ele quisesse uma vida diferente, mais feliz e para sempre, também para os ricos? Com efeito, Jesus quer que todos sejamos ricos, mas "diante de Deus", pelo bem que fazemos, e não simplesmente ricos diante dos outros para nos orgulhar e, com isso, acabar humilhando os mais pobres.

Jesus falava com toda liberdade porque não tinha nenhum bem para defender nem cobiçava os bens de ninguém. Para nós, falar mal das coisas materiais é mais difícil, porque estamos todos mergulhados numa sociedade que exalta, de toda forma, o bem-estar financeiro.

Até padres e bispos se tornam suspeitos, quando administram bens e dinheiro. Se a vida deles não é mais do que honesta, correta, humilde, exemplar no desprendimento, podem dar a impressão de tirar vantagem para si. Muitos não ajudam em nada a Igreja Católica e as suas obras porque não confiam na lisura da administração. Sempre suspeitam de desvios ou enriquecimentos ilícitos. Em geral, acham a Igreja rica e, portanto, prescindível de colaboração. Pode ser a desculpa de quem, no fundo, considera dinheiro desperdiçado ou burrice a generosidade e a ajuda aos pobres. Cada um pense o que acha melhor. Afinal, ajuda e esmola só têm valor e sentido se oferecidas com liberdade e confiança.

Quis escrever essas coisas para lembrar, mais uma vez, a difícil missão dos padres. Falar de pobreza, simplicidade de vida e desprendimento dos bens, nos dias de hoje, pode parecer loucura, utopia viável somente em outros planetas. Pregar a generosidade e a partilha, numa sociedade onde o egoísmo, o medo de perder as posses e de ficar para trás numa corrida insana por ouro dominam o ser humano, é quase como gritar no deserto. Ter que administrar honestamente bens que não são próprios pode parecer desperdiçar a oportunidade de enriquecer a qualquer custo.

Agradeçamos aos padres honestos, pobres o suficiente para viver na simplicidade e ricos o bastante para ajudar aos outros. Padres sem problemas de herança, porque nada acumularam aqui na terra, somente juntaram tesouros no banco de Deus.

É assim mesmo. Com o saco vazio (ou quase) de bens materiais vai ser muito mais fácil entrar no Reino dos Céus e aguentar carregá-lo pela eternidade.

# Um truque

No tempo em que os hotéis ainda não eram avaliados pelo número de estrelas como sinal de qualidade, um homem tinha dado o nome de "Cinco Estrelas" ao seu estabelecimento. O lugar era bonito, o serviço impecável e os preços concorrenciais. No entanto, nosso amigo não conseguia clientes suficientes. Algo não funcionava. Já estava à beira da falência e do desespero quando um colega brincalhão o aconselhou, simplesmente, a mudar o nome do hotel. As cinco estrelas ficariam pintadas na fachada, chamando a atenção das pessoas, mas o nome passaria a ser "Hotel Quatro Estrelas". O dono achou tudo isso perda de tempo, mas seguiu à risca a sugestão. Dito e feito. As pessoas que passavam contavam as cinco estrelas pintadas, mas, vendo o nome, percebiam o erro. Assim, bem-educadas, entravam para perguntar se o dono – ou o pintor – sabia contar. Nessa brincadeira conheciam o ambiente, eram bem acolhidas, apreciavam a comida e, muitas delas, acabavam ficando hospedadas. O dono, evidentemente, esmerava-se em agradecer a todos os que o ajudavam a corrigir o erro.

Nem sempre as coisas e as correções funcionam tão bem. É muito fácil apontar os defeitos dos outros, muito mais difícil é aceitar a correção, sobretudo quando somos nós que devemos reconhecer o quanto estamos errados. Mais difícil ainda é agradecer quem nos corrige e considerá-lo como um irmão e verdadeiro amigo. Sem a vontade de sermos melhores, toda correção pode ser interpretada como intromissão na vida dos outros. É por isso que bem poucas vezes conseguimos exercer a virtude cristã da correção fraterna.

No entanto, Jesus ensina-nos os passos necessários para vivermos em comunidade a verdadeira correção. As condições são claras. A primeira é que entre as pessoas haja laços de fraternidade, pois somente se confio no irmão e acredito que ele esteja me corrigindo para o meu bem, e não com outras finalidades, consigo aceitar a correção. Outra virtude indispensável de ambos os lados é a humildade, pois quem corrige não pode ser arrogante e usar palavras de condenação, para não acabar sendo tão pecador como aquele que está sendo corrigido. Nada de superioridade, somente atenção e paciência. Também quem recebe a correção precisa de humildade. Talvez tenha alguma explicação ou desculpa por ter cometido o erro, porém a vontade de melhorar e a bondade do coração fazem com que acolha com simplicidade a correção. "Se ele te ouvir, tu ganhaste o teu irmão" diz ainda Jesus.

A correção verdadeiramente fraterna e humilde nos faz crescer na fraternidade e na amizade, por isso somos gratos a quem nos ensina a sermos melhores. O contrário disso são as críticas ferozes, as fofocas debochadas e todas as formas, mais ou menos sutis, de zombar do outro. Nesse caso, criaremos inimizades, ódios e ressentimentos. Ganharemos um inimigo e não um amigo.

Nessa altura entra em jogo também a comunidade, mas só depois de exaurir as tentativas pessoais. Não devemos tornar público o possível erro do nosso irmão sem antes ter esclarecido a sós com ele as razões do pecado ou da ofensa. Isso porque o que nos parece tão errado pode não sê-lo tanto assim e, quem sabe, quem deva emendar-se e pedir perdão sejamos nós. O diálogo pessoal e o entendimento fraterno devem ser sempre o primeiro passo. Espalhar os erros do outro, acusá-lo na frente da comunidade sem a clareza da situação pode ser uma grave injustiça, pior do que o próprio erro do irmão.

Poderíamos dar continuidade ao assunto. Nas nossas comunidades, no nosso ambiente de trabalho, muitas vezes achamos impossível a correção fraterna ou chegamos a ficar contentes com os erros dos outros, iludindo-nos de sermos melhores. Não poderíamos – ou deveríamos – tê-los avisado antes? Pior ainda quando a correção fraterna não funciona mais nem na nossa família, entre esposo e esposa, entre pais e filhos. O que deveria ser um exercício de virtude e humildade fere tanto o nosso orgulho que achamos insuportável quem tenta nos corrigir. Somos e criamos cobras venenosas.

Fazemos tantos pedidos interesseiros ao Senhor! Por que não pedimos, todos juntos, o dom da correção fraterna, tendo como objetivo o nosso crescimento humano e espiritual? Ele vai nos atender porque sempre está no meio dos irmãos reunidos no seu nome.

Fique claro, portanto, que a correção fraterna é para ganhar irmãos e não clientes como no hotel do nosso amigo. Aquele foi apenas um truque.

# Um vinho diferente

Karasuki e Mikaia casaram-se já com uma boa idade. Com grande surpresa e alegria tiveram um filho. Criaram-no com todo o amor e atenções possíveis e, apesar de serem muito pobres, conseguiram colocá-lo na escola da vila para que crescesse, também, em sabedoria. O rapaz, quando voltou para casa, tinha o único desejo de desobrigar-se com os seus pais.

"O que é que os senhores gostariam que eu fizesse para demonstrar-lhes a minha gratidão?", perguntou o jovem. "Nada vale mais do que a sua presença aqui conosco", responderam os pais. "Mas se quiser mesmo nos dar um presente, veja se consegue arrumar um pouco de vinho para nós. Gostamos muito de vinho e faz muito tempo que não o saboreamos." O jovem não tinha um tostão. Um dia, porém, juntando lenha na mata, encontro uma fonte. Bebeu da água e achou que tinha um gosto extraordinário, parecia vinho. Encheu uma garrafa e a levou para os pais. "Eis aqui o meu presente; aproveitem bem", disse o filho. Os pais experimentaram a água e, apesar de não perceberem nenhum gosto além do da água, mostraram alegria e agradeceram muito ao filho pelo presente. "Na próxima semana, vou trazer mais", disse-lhes o jovem. E assim ele fez por muitas semanas. Os pais toparam a brincadeira: bebiam a água com grande entusiasmo e ficavam felizes de verem a alegria também no rosto do filho. Aconteceu, então, uma coisa: as doenças dos pais desapareceram e as suas rugas se aplainaram, como se aquela água fosse milagrosa. E na realidade era assim, porque nada faz os pais mais felizes do que receber um presente dos seus filhos, qualquer que seja o valor desse dom.

Eis mais uma pequena história para entender melhor as palavras de Jesus. Ele não disputa o amor entre pais e filhos. Somente quer nos ensinar a transformá-lo em amor verdadeiro, seguindo o seu exemplo.

Devemos reconhecer que muitas coisas poderiam melhorar em nossas famílias. Não falo dos pais que abandonam ou se descuidam dos filhos, nem dos filhos que não ligam mais para os pais quando estes adoecem ou ficam idosos. Nesses casos, o que falta mesmo é amor. Falo das "boas famílias", onde aparentemente tudo se faz para o bem, mas onde aos poucos pode entrar a mentalidade interesseira, que caracteriza o nosso tempo.

Com efeito, há pais que projetam a si mesmos nos filhos e querem que eles cheguem aonde eles não chegaram, alcancem metas acima das suas forças ou da sua idade. Criança tem direito de brincar e, crescendo, tem direito também de escolher. Claro que deve ser guiada e educada, mas as imposições ou as chantagens afetivas – se me quer bem, faça o que eu quero – cedo ou tarde são desmascaradas e geram revolta ou insatisfação.

Existem também filhos que somente cobram dos seus pais, como se eles tivessem a obrigação de lhes dar tudo de mão beijada. Obviamente, essas crianças e adolescentes olham sempre para os colegas mais abastados e só enxergam o que lhes falta: celular, roupa de marca, tênis, notebook... raramente conseguem ver o esforço dos pais para lhes dar coisas mais importantes, como casa, comida, saúde e estudos, amor e... fé – para quem é feliz de acreditar em Deus. Acontece que alguns jovens acham mesmo que os pais têm somente obrigações com eles; assim, pouco ou nada agradecem. A casa da família vira um hotel e o quarto deles uma fortaleza impenetrável, cheia de segredos e confusão.

É fácil entender que o amor que Jesus nos ensina é gratidão, partilha, entrosamento e unidade. Bens preciosos para uma vida agradável e construtiva. Ser dignos de Jesus significa segui-lo bem de perto, assumindo para valer todos os compromissos do discípulo. É nas nossas famílias que aprendemos a amar com sinceridade e simplicidade. Todo lar deveria ser uma escola de amor, onde ele crescesse com o tempo e se abrisse a mais amigos e irmãos, a pobres e sofredores. Se a família não cumpre essa missão, pode distorcer ou desviar os jovens do seguimento de Jesus e do amor ao próximo. Seus filhos serão famosos, terão sucesso, ficarão ricos, mas sem conhecer a alegria de servir e se doar. Terão dificuldades em oferecer mesmo que seja um copo d'água! Ficarão pobres, sem amor e sem fé.

Toda vitória sobre o egoísmo exige esforço, sacrifício. A cruz pede dedicação, aprender a doar algo de nós mesmos, da nossa vida, tempo e energias. Crescer exige humildade de ser atencioso aos outros, acolher um profeta, deixar-se incomodar pelos pequeninos. O amor sempre renovará e transformará as coisas e a vida: a água em vinho, as doenças em saúde, o egoísmo em generosidade e dedicação.

# Uma planície maravilhosa

Um estudioso, um comerciante e um governador foram assaltados por ladrões durante uma viagem pelo deserto. Ficaram sem nada e perdidos por não conhecerem o lugar. Finalmente foram socorridos por um eremita que morava numa colina íngreme. Ele os levou à sua cabana e depois de tê-los alimentado, disse-lhes:

– Aqui estamos fora do mundo; daqui a alguns dias chegará o inverno. Minha cabana é muito pequena, portanto cada um de vocês trate de construir a sua se não quiser morrer congelado.

Os três responderam juntos:

– Mas nós queremos continuar a viagem!

– Impossível – encurtou o eremita –, logo a neve estará alta e todos os caminhos para sair deste vale estarão bloqueados.

– Como viverei sem os meus livros? – chorou o estudioso.

– Como viverei sem os meus negócios? – exclamou o comerciante.

– Como viverei sem os meus súditos? – perguntou o governador.

Apesar das reclamações, os três começaram a trabalhar. Construíram três casinhas de pedra e conseguiram cobri-las antes que as tempestades chegassem. O inverno foi longo e rigoroso, mas aos três pareceu breve. Não tendo mais nada para fazer redescobriram o prazer de estar juntos, conversar, rachar a lenha, limpar os caminhos, sentar-se ao redor do fogo deixando correr a memória pelas lembranças alegres e tristes. O eremita ficava observando, algumas vezes participava e lhes falava de Deus com palavras que faziam palpitar o coração. A primavera voltou, mas os três sempre adiavam a partida. Primeiro, queriam ajudar o eremita a semear, depois era preciso tosar as ovelhas e o céu azul era cada vez mais bonito de se contemplar. Certo dia, porém, o eremita os chamou e disse:

– Não escuto mais vocês falarem de livros, de negócios e de súditos. O que está acontecendo?

Os três baixaram a cabeça e ficaram calados.

– Eu sei como vocês se sentem e ficariam por aqui, se escutassem a voz do seu coração. Mas não é possível, devem voltar aos seus livros, aos seus negócios e aos seus súditos. Mas não sejam mais escravos deles como antes! Sejam livres, sejam os donos das suas vidas e se quiserem mesmo ter um patrão escolham o meu que vos concede a maior das liberdades!

Os três partiram no mesmo dia. No caminho, descobriram que não havia vale algum. Era tudo uma planície maravilhosa, onde resplandecia o sol de Deus.

Em diversas passagens do Evangelho, Jesus repreende os mestres da lei e os fariseus por ensinarem sem colocar em prática o que transmitiam. Exigiam dos outros, mas se esquivavam do compromisso. As palavras do Senhor serão sempre pesadas para quem, ainda hoje, pretende transmitir lições, mas sem dar o exemplo, deixando muitas dúvidas e sem convencer ninguém. Todo educador sabe disso, a começar pelos próprios pais, que querem impor a sua autoridade aos filhos que carecem de exemplo e carinho.

Jesus, porém, quer nos conduzir a reconhecer nele o único mestre e guia, porque viveu o que ensinou. A essa altura, poderíamos nos perguntar se entendemos a mensagem dele, porque hoje parece que gostamos mais de ensinar do que de aprender. Esquecemos que qualquer um de nós, antes de ensinar, tem muito a aprender e por muitos anos, além de ter experimentado em sua própria vida o que pretende ensinar. Consideramo-nos mestres e pretendemos transmitir os segredos da vida. Dar conselhos aos outros é extremamente gratificante, sentimo-nos úteis e, afinal, não custa nada.

Ser mestre de verdade é outra coisa. Primeiro é preciso dar o exemplo e falar mais com a vida do que com as palavras. Segundo, o exemplo oferecido não pode ser uma imposição e sim um abrir caminhos para que o outro, atraído e convencido, prossiga com liberdade, autonomia e responsabilidade. Ao contrário, os falsos mestres são os ídolos de sempre – o dinheiro, o poder e o sucesso – que dominam a nossa vida e, também, o nosso orgulho, o querer sempre estar no centro das atenções, almejar a autopromoção. Hoje é infeliz quem não chama atenção e faz as pessoas imitarem seu modo de vestir, falar, consumir. Quem consegue, se sente importante e quem imita se iguala aos outros. Assim, ficamos escravos das falsas necessidades, trocamos o indispensável pelo supérfluo.

Jesus não deixou nenhuma moda, não vendeu nenhum produto, não arrebanhou ninguém para se promover. Deixou as pessoas livres para segui-lo ou recusá-lo e até para crucificá-lo. Seguir o Mestre é encontrar a liberdade de amar e servir. É continuar a estudar, cuidar dos negócios e das responsabilidades, mas com a liberdade de quem enxerga mais longe, muito mais longe. A liberdade de quem enxerga Deus, o único Pai de todos.

Impresso na gráfica da
Pia Sociedade Filhas de São Paulo
Via Raposo Tavares, km 19,145
05577-300 - São Paulo, SP - Brasil - 2014